Das kleine Isar-Buch

Steinmannderl, die stillen Wächter am Oberlauf

JOHANNES WILKES

DAS KLEINE ISAR-BUCH

GESCHICHTE, ORTE UND MENSCHEN VON DER QUELLE BIS ZUR MÜNDUNG

VERLAG FRIEDRICH PUSTET

Bibliografische Information der Deutschen Nationalbibliothek
Die Deutsche Nationalbibliothek verzeichnet diese Publikation
in der Deutschen Nationalbibliografie; detaillierte bibliografische Daten
sind im Internet über http://dnb.dnb.de abrufbar.

ISBN 978-3-7917-2815-5

Umschlaggestaltung: Martin Veicht, Regensburg
Umschlagmotive: Vorderseite: Die Isar bei Geretsried (Fotolia | Andy Ilmberger);
Umschlaginnenseite vorne: Luftbild des Isarwinkels in der Nähe von Lenggries
(imageBROKER / Alamy Stock Foto); Umschlaginnenseite hinten: Verlauf der
Isar (nach A. Darmochwal, CC BY-SA 2.0)
Satz: Vollnhals Fotosatz, Neustadt a. d. Donau
Druck und Bindung: Friedrich Pustet, Regensburg
Printed in Germany 2018

Weitere Publikationen aus unserem Programm
finden Sie auf www.verlag-pustet.de
Kontakt und Bestellungen unter verlag@pustet.de

INHALT

Vorwort . . . 8

1. Flussabschnitt:
Von der Quelle bis zum Sylvensteinsee . . . 10
Die Quelle . . . 10
Scharnitz . . . 15
Die Schreckensnacht von Scharnitz . . . 18
Die Bajuwaren . . . 23
Mittenwald . . . 25
Matthias Klotz . . . 28
Arbeo von Freising . . . 31
Krün . . . 33
Das Wunder von Krün . . . 35
Wallgau . . . 36
Goethe auf der Flucht . . . 36
Im Isarwinkel und am Sylvensteinsee . . . 40
Bruno, der Problembär . . . 41
Der Jäger von Fall . . . 45

2. Flussabschnitt:
Vom Sylvensteinsee bis München . . . 47
Lenggries . . . 47
Bad Tölz . . . 52
Die Sendlinger Mordweihnacht . . . 52
Der „Zauberer" und seine Familie in Tölz . . . 57
Der Malerwinkel . . . 61
Geretsried . . . 62
Das verbotene Buch . . . 64
Wolfratshausen . . . 68
Das Wolfratshauser Frühstück . . . 68

Kloster Schäftlarn 74
Der Zwerg, der ein Riese war 74
Jules und Jim 76
Obacht! Der Georgenstein! 81
Zu Grünwald drunt' im Isartal 83
Der vielleicht größte Hochstapler der Geschichte 84
Bavaria Filmstadt 88
München 89
Die Großhesseloher Brücke 91
Die Waldwirtschaft Pullach und die Biergartenrevolution 94
Hellabrunn 96
Arme Püppi! 97
Am Flaucher 100
Das Lied der Bayern 102

3. Flussabschnitt:
Von München bis Landshut 108
Von Thalkirchen bis zur Au 108
Der Isarflößer – ein Künstler zwischen den Welten 108
Franz Beckenbauer 111
Karl Valentin 112
Oskar von Miller und das Deutsche Museum 115
Die Praterinsel und das Maximilianeum 120
Der Friedensengel 121
Am Eisbach 123
Der Englische Garten 125
Benjamin Thompson 127
Die weiße Rose 130
Der hl. Emmeram 132
Ismaning 135
Die Freiheitsaktion Bayern 135
Garching 138
Fausts Laboratorium der Neuzeit 138
Durchs Freisinger Moos 139

Freising ... 141
Der Speckknödel-Aufstand ... 146
Weihenstephan ... 146
Moosburg ... 149
Der hl. Kastulus ... 150
Landshut ... 153
Die Landshuter Martinskirche ... 156
Wo man die Atome spaltet ... 162

4. Flussabschnitt:
Von Landshut bis zur Mündung ... 165
Von der Wolfsteinerau bis Dingolfing ... 165
Konradin, der letzte Staufer ... 165
Dingolfing ... 170
Das Goggomobil ... 171
Von Dingolfing nach Landau ... 174
Der Wachsende Felsen von Usterling ... 177
Landau ... 178
Pfarrer Huber, mutiger Kämpfer gegen das Unrecht ... 179
Von Landau nach Platting ... 184
Huch, ein Huchen! ... 185
Plattling ... 189
Die Mündung ... 194

Praktische Hinweise ... 199
Danksagung ... 208
Bildnachweis ... 208

VORWORT

Die Isar ist vielleicht der bayerischste aller Flüsse. Vom alpinen Karwendel durch das malerische Voralpenland, an München, Freising und Landshut vorbei zum urtümlichen Mündungsgebiet in Niederbayern durchströmt sie bedeutende bayerische Natur- und Kulturlandschaften.

Um sich der Isar zu nähern, hat sich der Autor auf sein Radl geschwungen und ist dem Fluss gefolgt, von der Quelle bis zur Mündung, etwa 290 km. Dabei ist er spektakulären Landschaften und originellen Anrainern begegnet, er hat Kirchen und Klöster, Dörfer und Städte besucht und ist der Geschichte von Menschen nachgegangen, die am Fluss gelebt haben und leben, Helden und Opfer, Dichter und Denker.

Das Buch folgt dem Lauf der Isar. Die vier Flussabschnitte – Quelle–Sylvensteinsee–München–Landshut–Mündung – werden, den Anrainer-Orten entsprechend, wiederum in einzelne Kapitel unter-

Grün? Türkis? Oder doch Gletscherblau?

gliedert. Besondere Begebenheiten, Anekdoten und Hintergründe sind in „Infokästen“ untergebracht. Der Anhang, an dem viele hilfreiche Isargemeinden mitgearbeitet haben, bietet zudem viele praktischen Hinweise und Besichtigungstipps.

Natürlich kann man dieses Buch auch dazu nutzen, die Isar mit dem Auto zu erkunden. Zwar sind viele Kapitel „im Sattel“ entstanden, aber das Fortbewegungsmittel des Autors muss natürlich nicht mit dem des Lesers identisch sein. Im Gegenteil. Diese spezielle Isar-Reise kann hervorragend auch vom heimischen Sofa aus angetreten werden – zur Vorbereitung einer Isar-Reise oder zu ihrer Nachbereitung. Oder ganz einfach und vielleicht noch viel schöner: anstatt!

1. Flussabschnitt:

VON DER QUELLE BIS ZUM SYLVENSTEINSEE

Die Quelle

Ein scheues Wesen. Gut versteckt sich die Isar, bevor sie sich unter die Menschen wagt. Ihr Geburtsort liegt geschützt zwischen hohen Bergriesen, mitten im Herzen des Karwendelgebirges. Um zur Isarquelle zu gelangen, muss man gut zu Fuß sein oder sich auf sein Rad schwingen. 14 km geht's vom österreichischen Scharnitz das Hinterautal hinauf. Autos haben keinen Zutritt, der Schotterweg ist für den öffentlichen Verkehr gesperrt. Man muss sich der Isar also pilgernd nähern, kein schlechter Start für eine Flussreise. Die Stille des einsamen Tales überträgt sich, man atmet unwillkürlich leiser, staunt über die heranwachsenden Bergwände, die sich zu Zweitausendern steigern.

So klein die Isar hier noch ist, schon in ihren Anfängen muss sie ganze Arbeit geleistet haben. Wie lange braucht es, sich in diese gewaltige Felslandschaft hineinzugraben? Das Flussbett ist voller heller Kiesel und Steine. Unermüdlich treibt die Isar den Schotter talwärts, gönnt ihm kein Verweilen, keine Verschnaufpause, lässt ihn durcheinanderpurzeln, nimmt ihn mit sich, spült ihn unaufhörlich der Ebene zu. Nicht ohne Grund haben die Kelten die Isar „die Reißende" genannt.

Je tiefer uns das Tal umfängt, desto zierlicher wird sie. Ein silbernes Bächlein aber wird sie nicht, selbst im oberen Teil führt sie erstaunlich viel Wasser. Nach einer knappen Stunde haben wir die Quelle erreicht, ein einfaches Holzschild bezeichnet den grünen Ort. Weiße Birken leuchten zwischen den satten Grüntönen des Bergahorns, ein paar Tannen sorgen dafür, dass es auch im Winter nicht kahl wird. Eine seltsame Quelle: Von überall scheint ihr das Wasser zuzulaufen, von den umgebenden Felswänden eilen kleinste Rinn-

Der Häuptling der Steinmänner

sale herbei, das kleine Becken zu speisen. Als wären alle benachbarten Berge übereingekommen, gemeinsam den Taufpaten zu spielen. Und zwischen den fernen Gipfeln, hoch am Himmel, kreist ein mächtiger Raubvogel, als wolle er den Ort bewachen.

„Sie müssen dorthin schauen“, hören wir eine Stimme sagen. Ein Mann auf einem Mountainbike steht plötzlich hinter uns, neben sich seine ebenso sportliche Partnerin. „Dort oben, der kleine Winkel, das Weiße, sehen Sie das?“

Wir blicken angestrengt in die Höhe und bilden uns tatsächlich ein, einen weißen, schmutzigen Fleck zu entdecken. „Der einzige Gletscher des Karwendels.“

So wird die Isar tatsächlich noch von Gletscherwasser gespeist. Zumindest solange der Klimawandel das noch zulässt.

Eine Hinweistafel belehrt uns darüber, dass man die Isarquelle trotz der verschiedenen Zuflüsse mit Recht an dieser Stelle verorteten kann, ist sie doch der Ort, der in Trockenzeiten und in eisigen Wintern nie-

Jedem Anfang wohnt ein Zauber inne

mals versiegt oder einfriert. Wir entdecken eine weitere Tafel, die von Schülern der Scharnitzer Grundschule gestaltet worden ist. Die Quellkinder haben die Mündungskinder besucht, haben eine Reise ins niederbayerische Plattling gemacht, um zu sehen, was aus der Isar wird. Zu dem Satz „Mir hat in Plattling besonders gut gefallen …“ berichtet die mutige Stephanie, „dass wir die Schlange aus dem Wasser gefischt haben“. Markus gefiel, „dass wir die Tiere im Mikroskop anschauen konnten“. Tobias aus der 1. Klasse aber blieb besonders in Erinnerung, „dass wir ins Mc Donald's gingen“. Was die Isar doch alles zu bieten hat!

Wir treten nochmals ans Ufer des Quellwassers heran und greifen uns aus den glasklaren Fluten einen glatt geschliffenen, eiskalten Kiesel, den wir uns in die Tasche stecken. Er soll unser Reise-Talisman sein.

Nach dem schweißtreibenden Anstieg zur Quelle hinauf geht's nun in flotter Fahrt die Isar hinunter. Knapp 300 Isarkilometer liegen vor uns. Wie rasch sich der junge Fluss mit Wasser füllt! Von überall laufen ihm Bäche zu, aus zahllosen Quelltöpfen strömt und fällt es durch klammartige Einschnitte die hellen Felsen hinab. Auch scheint es die Isar überaus eilig zu haben – sie legt ein gewaltiges Tempo vor und stürzt sich mit wildem Rauschen zu Tale, als ob sie Schwung nehmen müsste, um es durch die bald folgende lange Ebene bis zur Donau zu schaffen. Wir sind überzeugt, würden wir

Im Hinterautal, dem Geburtsort der Isar ▶

ein Schiffchen auf die munteren, schäumenden Wellen setzen, wir hätten – trotzdem auch wir selbst vom Gefälle profitieren – Mühe, mit dem Rad hinterherzukommen.

Dort, wo es nicht weiß schäumt, leuchtet es gletschergrün. Oder ist es ein Azurblau? Grün oder blau oder grün und blau? Welche Farbe hat die Isar nun? Nicht einfach zu beantworten. Mal changiert das helle Grün eher ins Bläuliche, mal nimmt das Wasser einen Farbton an, den man vielleicht als helles Petrol bezeichnen könnte.

Unsere Farbbetrachtungen werden unterbrochen, als lachend vier junge Radfahrer um die Ecke biegen. Man merkt es ihnen an, dass sie noch nicht viel Radl-Erfahrung gesammelt haben können: Alle sitzen sie noch etwas unsicher und ungelenk in den Sätteln. Ihre dunkle Hautfarbe lässt vermuten, dass sie aus Afrika stammen. Vielleicht sind es junge Flüchtlinge, die in Österreich Aufnahme gefunden haben. Nun erkunden sie die Umgebung und fahren zur Isarquelle hinauf. Es sieht so aus, als ob es ihnen in ihrer neuen Heimat gefällt, die sich doch so gänzlich von Afrika unterscheidet. Was mögen sie alles auf ihrer Flucht erlebt haben?

In einer Biegung, in der weiß der Schotter glänzt, grüßt uns ein Heer von seltsamen Wesen. Alle stehen sie starr und steif, große und kleine Männchen, alle in der gleichen Weise gekleidet. Eine ganze Armee von steinernen Soldaten ist hier aufgebaut. Wer mag wohl das erste Türmchen gebaut haben? Vom Erstling animiert, waren die nachfolgenden Besucher des Tals nicht mehr zu stoppen. Jeder Baumeister wollte den Vorgänger darin übertreffen, ein noch höheres Wesen zu erschaffen, hat Isarkiesel auf Isarkiesel getürmt und seinen Beitrag zur Belebung des Ufers geleistet. Wir halten ein Weilchen und bewundern das Werk. Was mag die unbekannten Schöpfer angetrieben haben? Vielleicht ist es der dem Menschen innewohnende Drang, Ordnung im Chaos zu schaffen, vielleicht auch das Vergnügen an der kleinen Keckheit, ein Naturgesetz auszutricksen, will die Gravitation doch alles in die Tiefe reißen. Wobei: Nur weil es die Gravitation gibt, halten die Steintürme natürlich. So relativiert sich der Triumph des Menschen über die Natur wieder.

Wir steigen auf und radeln weiter. Man muss die Österreicher loben. Obwohl sie sich doch so bald schon von der Isar verabschieden müssen, sind sie nicht beleidigt, werfen der Isar nicht schnöde Untreue vor, sondern tun alles, sie im rechten Lichte leuchten zu lassen, pflegen Wege und Stege und lassen die Fahrt zum Vergnügen werden. Den Kopf schütteln müssen wir allerdings über ein gelbes Verbotsschild an einem Baum: „Bei widerrechtlichem Parken erfolgt Besitzstörungsklage!" Preußischer könnten es selbst die Deutschen nicht formulieren! Und niemals so originell. „Besitzstörungsklage", darauf muss man erst mal kommen.

Dass die Isar nicht nur ein Fluss, sondern auch ein großer Arbeitgeber ist, wird schon auf den ersten Kilometern deutlich. Neben Ausflugsgaststätten und Hotellerie kommen wir an einem großen Kieswerk vorbei. Feinsäuberlich hat man den Isarschotter nach Größe sortiert und verkauft ihn lastwagenweise. Ob als kleinster Splitt oder großer Kiesel: Die Isarsteine sind von einem strahlenden Weiß.

Scharnitz

Scharnitz ist nicht nur ein hübsches Dorf in Tirol, Scharnitz ist eine gewaltige Pforte, eines der größten Eingangstore ins Alpenreich. Blickt man nach Norden, so erhebt sich rechter Hand das gewaltige Karwendelgebirge, aus welchem die Isar entsprungen ist, und links thronen die nicht weniger mächtigen Riesen des Wettersteinmassivs. Wer immer in dieser Region einen Weg durch die Alpen gesucht hat, musste diese Gebirgslücke passieren.

Viel wird das kleine Scharnitz in seiner Geschichte erlebt haben, besonders, als die Römer im 2. Jh. n. Chr. einen neuen Weg von Venedig nach *Augusta Vindelicorum*, also Augsburg, die Hauptstadt der Provinz Raetia, pflasterten. Kaiser Septimius Severus war die bisherige Klettertour, die Via Claudia Augusta, zu unbequem. Er wählte eine neue, schnellere Route, den Weg über den Brenner. Weil diese Straße zur Provinz Raetia führte, dem heutigen bayerischen Schwabenländle, wurde sie Via Raetia genannt. Fortan marschierten die Legionen auch durch Scharnitz, wo sie das Kastell *Scarbia* unterhielten. Eine Wasser-

Eiskalte Gletscherwasser

leitung werden sie sich nicht gebaut haben – das frische Wasser der Isar dürfte auch römischen Qualitätskriterien genügt haben.

Als die römischen Götter in den wohlverdienten Ruhestand gingen und das Christentum Staatsreligion wurde, bekam der Bischof von Freising Scharnitz zugeschlagen. Die Tiroler aber hörten nicht auf, dem Dorf schöne Augen zu machen. Es lag strategisch einfach zu wichtig, als dass man es auf Dauer dem Nachbarn im Norden gönnen konnte. Stück für Stück verlegten die Tiroler ihre Landesgrenze näher an Scharnitz heran. Als im Dreißigjährigen Krieg die protestantischen Schweden nahten, gewährten die Bayern den Tirolern das Recht, bei Scharnitz eine Straßensperre zu errichten, die Porta Claudia. 1656 nahmen die Tiroler Scharnitz dann durch ein kleines Tauschgeschäft endgültig in Besitz. Seitdem ist die Isar kein ausschließlich bayerischer Fluss mehr, sondern darf sich rühmen, ein internationales Gewässer zu sein.

Wir radeln durch das beschauliche Städtchen. An einer Isarbrücke steht ein Heiliger mit einem Palmzweig in der Hand. Johann Nepomuk gilt als Schutzpatron der Brücken, ist er doch von einer solchen, der Prager Karlsbrücke, in den Tod gestoßen worden, der Legende nach, weil König Wenzel von ihm wissen wollte, ob seine Frau ihn betrogen hatte. Nepomuk aber wahrte das Beichtgeheimnis, woraufhin der König ihn ins Wasser werfen ließ. Fünf Flammen

Immer neu formt die Isar ihren Lauf

Das schiefste Fußballtor des Isartals

seien dabei aus dem Wasser geschossen; daher die fünf hellen Sterne, die Nepomuks Kopf umkränzen.

Alle Häuser scheinen in Scharnitz Namen zu tragen, „Hildes Heim“ wird sicher manchen Niedersachsen ansprechen. Auf einer Betonfläche üben sich zwei Greise im Trockeneisstockschießen, geschmückte Geweihe und selbst eine Kuckucksuhr zieren den Giebel einer Holzscheune, auf einer Wiese steht das wahrscheinlich verbogenste Fußballtor der Isar. Da hat wohl ein kräftig gebauter Torhüter aus Langeweile einen Klimmzug versucht und zugleich die Treffwahrscheinlichkeit der gegnerischen Mannschaft reduziert.

So friedlich und behaglich Scharnitz wirkt, es hat auch Stunden gegeben, welche durch Leid und Elend geprägt waren. Eines der schlimmsten Ereignisse ist erst wenige Jahre alt.

Die Schreckensnacht von Scharnitz

Wie das ist. Wenn man mit bangem Herzen auf seinen Mann und seine Tochter wartet, wenn die beiden doch längst zurück sein müssten von ihrer Bergtour hinauf zur Arnspitze. Wenn die vereinbarte Uhrzeit schon lange verstrichen ist, wenn der Tag sich neigt, wenn man immer häufiger zum Fenster hinaus schaut, sehnlichst auf das Auto wartet, das die beiden zurückbringt, zurück nach Hause. Wenn sie nicht anrufen, ihre Verspätung nicht erklären. Wenn man darauf selbst zum Telefon greift, die vertraute Mobilfunknummer wählt, wenn es läutet und läutet, aber keiner ans Handy geht. Wie das ist.

Wenn man weiß, sich zur Beruhigung immer wieder einredet, wie erfahren doch der Ehemann ist, wie verantwortungsbewusst. Als langjähriger Kommandant der örtlichen Feuerwehr, als stellvertretender Bürgermeister des Dorfes. Wenn man weiß, wenn man sich einredet, wie gut er die Berge doch kennt, die Berge und ihre Gefahren. Es sind doch seine Berge, die Berge ihrer Heimat. Wenn man zudem bedenkt, dass auch die Tochter mit ihren 27 Jahren sportlich und erfahren ist, dass beide nicht zum Leichtsinn neigen. Muss man sich dann tatsächlich Sorgen machen? Kann alles nicht eine einfache, eine harmlose Erklärung haben?

Wenn man nicht mehr warten will, nicht mehr länger warten kann. Wenn man erneut zum Hörer greift und mit besorgter Stimme die Polizei informiert, die Bergrettung, jetzt, wo es schon zu dunkeln beginnt, an diesem letzten Sonntag im November. Wenn man die Hubschrauber aufsteigen hört, wenn alle verfügbaren Männer losziehen, die Bergretter, die Alpinpolizisten, die Leute von der Feuerwehr, in die anbrechende Nacht hinein. Wenn auf dem Adventskranz die Kerze unruhig flackert, wenn man die Handynummer durchgibt, in der Hoffnung, die Vermissten hiermit orten zu können. Wenn es Mitternacht wird, wenn man erfährt, dass die Retter niemanden gefunden haben, dass sie die Rettungsaktion unterbrechen mussten, erst am nächsten Morgen weitersuchen können. Wenn dann mit Macht die Bilder aufsteigen, die schlimmsten Fantasien. Wenn man Dinge sieht, die man nicht sehen will, Sachen denkt, die man nicht denken will. Wenn man das alles nur noch abschütteln möchte wie einen bösen Traum, wenn die Müdigkeit übergroß wird und man trotzdem nicht schlafen kann. Wenn man wach bleibt, wach bleiben muss, wartet und wartet und keine Nachricht kommt. Die ganze Nacht nichts. Nur bleischwere Stille.

In der Früh schlagen die Ortungsgeräte endlich an, ein schwaches Signal ist zu empfangen, beim Morgengrauen, als man die Suche fortsetzt. Techniker haben es orten können, das Handy des Vermissten. Hinauf in steiles Gelände muss man steigen, auf über 1000 m Höhe, zu einem Ort abseits der Pfade, zu einem unwegsamen Steilhang. Hier findet man ihn, den Bergsteiger. Tot auf kalten Steinen. Nur 200 m weiter liegt seine Tochter, auch für sie kommt jede Hilfe zu spät.

Alle stehen sie unter Schock. Die Familie und auch die Retter. Viele haben die Verunglückten gut gekannt, stellen sich wieder und wieder die Frage, wie dieses Unglück passieren konnte. Die Frage, so bohrend sie ist, kann niemand mit Gewissheit beantworten, die einzigen Zeugen sind zugleich die Opfer. Es gibt nur Vermutungen, Hinweise, die sich aus den Spuren am Unfallort ergeben. Vielleicht war es so: Die Tochter verlor in schwierigem Gelände den Halt, fing an zu rutschen, konnte sich nicht mehr halten und stürzte ab, vor den Augen ihres Vaters. Ihre Hilfeschreie im Ohr überlegt der Vater nicht lange. Welcher Vater, der zusehen kann, wie sein Kind abstürzt? Er will sie noch packen, rutscht eilig hinterher, verliert ebenfalls die Kontrolle, stürzt in die Tiefe, überschlägt sich, prallt auf hartes Gestein und kommt mit seiner Tochter gemeinsam zu Tode. Vielleicht war es so. Indizien sprechen dafür. Ob es tatsächlich so war, bleibt ungeklärt.

Selbst der Kuckuck darf nicht fehlen

Am Tag danach. Vor dem Gemeindeamt von Scharnitz wird eine große Fahne gehisst, der ganze Ort hält schweigend inne. Die Fahne, die sich träge im Dezemberwind bewegt, ist schwarz.

Johann Nepomuk – der Beschützer der Brücken

Die tragische Geschichte ist leider kein Einzelfall. 50 Tote hat es allein im Jahr 2014 in den Bergen Tirols gegeben, erfahren wir, 50 Menschen, die bei Stürzen ums Leben kamen. Wandert man einen der zahlreichen Wege hinauf, so fallen die zahlreichen Kreuze auf, Erinnerungsorte für verunglückte Familienmitglieder, für Freunde: „Wir werden ihn niemals vergessen ..., Hier kam unser Sepp ums Leben ...“ Die Berge sind brutal, sie verzeihen keinen Fehler.

10 km sind es nur ins nahe Mittenwald. Vorbei an den Resten der Porta Claudia, auf die eine große Wandmalerei aufmerksam macht, passieren wir die gigantische steinerne Pforte aus Wetterstein und Karwendel. Hier mussten sie durch, die mächtigen Alpengletscher, die sich mit ihren Geschwistern aus den benachbarten Felsentoren im Voralpenland vereinigten, wie riesige Pfoten eines eisigen Monsters, die sich weit ins Land schoben. Dabei formten sie die Landschaft nach ihrem Geschmack, frästen nicht nur das Isartal aus dem Boden, sondern hinterließen Seen und Schotterebenen, Moore und Moränen.

Hinter dem Ortsausgang von Scharnitz ertönt plötzlich das aggressive Geräusch gleich mehrerer Gewehrsalven. In einer Woche soll der G7-Gipfel im nahen Elmau stattfinden, viel Polizei ist unterwegs, man befürchtet Krawalle. Der Geschützfeuer wird doch nichts damit zu tun haben? Unwillkürlich verlangsamen wir die Fahrt. In einem nahen Waldstück sehen wir versteckt hinter Büschen weiß vermummte Gestalten schleichen, die plötzlich Waffen ziehen und sich gegenseitig beschießen. Es spritzt blau. Treffer! Zum Glück nur Farbe, kein adeliges Blut. Ein Hinweisschild klärt auf: Man geht dem Paintballsport nach, bei dem man sich mit harmlosen Farbpatronen beschießt. Abenteuer der Moderne.

Nun geht's durch einen sanft gewellten Talabschnitt, Riedboden, Schneeheide. Uferläufer und Regenpfeifer brüten hier an den Isarufern, Krüppelkiefern lassen ein niedriges Wäldchen entstehen, aus dem es leise bimmelt. Eine kleine Trafostation hat man mit einem Schutzzaun umgeben, so wie man junge Bäumchen gegen Wildverbiss schützt. Wir stutzen. Macht sich das Wild nun schon über frische Transformatoren her?

Wir radeln weiter. Eine kleine Kuhherde grast am Wege. Kurz darauf ist ein bunt geschmückter Elektrozaun zu öffnen. Kann man dem Hinweis „isolierter Griff" trauen? Man kann.

Weit kann es nicht mehr bis zur Grenze sein, sagen wir uns, als wir am Ende einer langgezogenen Kurve eine Gruppe von Polizisten erkennen. Kontrollen selbst hier am Radweg? Oder gar schon eine Sperrung des Gebiets? Von einer weiträumigen Absperrung ist in der Presse zu lesen gewesen, soll unser Isarradabenteuer bereits hier sein Ende finden? Lässt man nur noch die Gipfelteilnehmer hinein? Fieberhafte Überlegungen, welchen G7-Staatsmännern wir ähneln, um eine Einreisechance zu haben. Angela Merkel scheidet aus, auch Obama und der Japaner, dessen Name sich keiner merken kann. Cameron kriegen wir nicht hin, Renzi ebenso wenig. Wie der Kanadier aussieht, weiß kein Mensch. Wenn wir unsere Brillen aufsetzen und die Backen ein wenig aufblasen, könnten wir es als Hollande versuchen: „Bonjours, messieurs!" Doch unsere Sorgen sind unbegründet, man lässt uns passieren, ganz ohne Pass- und Radtaschenkontrolle.

Kurz darauf kommt uns auf einem Damenrad ein Mann in Lederhosen entgegen, auf seinem grünen Hut wippt ein Gamsbart. Um seinen Hals aber, das ist das Eigentümlichste, hängt ein großes goldenes

Blasinstrument, wohl eine Basstuba. Trotz seiner Last ruft er uns ein freundliches „Grüß Gott!" zu. Willkommen im Land der Bajuwaren! Was hat es mit denen auf sich, wer ist dieser Volksstamm eigentlich?

Die Bajuwaren

Man streitet sich bis heute darüber, wie dieses Volk entstanden ist. Hier die Rezeptur: Man nehme den Raum zwischen Donau und Alpen, bediene sich am alten keltische Stamm der Boier, mische Elbgermanen mit hinein, Römer, die nicht zurück nach Rom wollten, inklusive ihrer germanischen Söldner, würze das Ganze mit einer Prise aus Alemannen, Franken, Thüringer, Ostgoten und Langobarden, lasse die Mischung einige Jahrhunderte reifen und tue in den Jahren nach dem Zweiten Weltkrieg noch einige Vertriebene mit hinzu sowie ein paar Preußen zur Verzierung der Seeufer: Schon ist es fertig, das Volk der Bayern.

Eigentlich ist es das Volk der Baiern. Weil König Ludwig I. aber so vernarrt in Griechenland war, musste das „i" durch das griechische „y" ausgetauscht werden. Selbst die größten Euroskeptiker der CSU aber, die stets auf die Griechen einhauen, wollen nicht wieder zu Baiern werden. Das „y" ist einfach zu hübsch.

Im streng wissenschaftlichen Sinne haben wir eben keine Völkergrenze überschritten. Die Österreicher gehören ebenfalls zu den Bajuwaren, ebenso wie die Menschen in Südtirol. Man erkennt es an der Sprache: Überall wird Bairisch gesprochen. Innerhalb des Bairischen gibt es verschiedene Dialekte. Im Bayerischen Wald spricht man anders als in Oberbayern, in Niederbayern anders als in Wien oder in Bozen. Die ganze Dialektfamilie aber wird von Sprachwissenschaftlern als Bairisch bezeichnet, weshalb sich ein Bayer in Meran viel leichter tut, ein Bier zu bestellen, als etwa in Sachsen.

Viele Flüsse durchströmen das schöne Bayernland: Inn, Iller, Lech, Regen, als größter die Donau. Der bayerischste aller bayerischen Flüsse aber ist die Isar, welche mitten durch das Herz Bayerns fließt und zugleich die Hauptstädte Ober- und Niederbayerns wässert.

Mittenwald

Mittenwald ist die heimliche Hauptstadt des Graffitos. An zahlreichen Hausfassaden finden sich die herrlichsten Bilder. Da sieht man Christopherus schwer unter dem Jesuskind ächzen, Gemsen springen munter über Fensterläden hinweg, Schiffe blähen ihre Segel, Maria grüßt huldvoll mit dem Kind, Bauern fahren die Ernte ein, andere sitzen bereits fröhlich bei ihrer Brotzeit. Auch der schöne Brauch des Fensterlns ist, quasi als Gebrauchsanweisung, an eine Wand gepinselt.

Die Bezeichnung Lüftlmalereien soll auf das Haus „Zum Lüftl" zurückgehen, in dem der Oberammergauer Franz Seraph Zwinck (1748–1792) wohnte, einer der ersten Fassadenmaler Bayerns. Sicher kein Zufall, dass die Lüftlmalerei gerade hier im Isartal und in Tirol so populär geworden ist. Wieder scheint der Einfluss Italiens wirksam geworden zu sein. Die Gemälde wurden nämlich nicht einfach auf trockenen Putz gemalt – zu schnell wären solche Bilder von Wind und Wetter zerstört worden. Echte Lüftlmalereien werden in der von den Italienern perfektionierten Freskotechnik ausgeführt. Man malt auf noch feuchten Putz, wodurch sich die Farben mit dem Kalk dauerhaft verbinden.

Es scheint sich um einen menschlichen Urtrieb zu handeln: Kaum erblickt der Mensch eine nackte Wand, überfällt ihn das Bedürfnis, diese zu bemalen. Schon unsere Urahnen bemalten ihre Höhlenwände, die Menschen im Werdenfelser Land ihre Häuser und die aktuelle Jugend der Welt sämtliche Lärmschutzmauern und Tunnelunterführungen. Auch neue Lüftlmalereien entstehen noch, allerdings nicht mehr in Freskotechnik, sondern mit modernen, haltbaren Farben aufgemalt. Nicht nur die Technik hat sich verändert, auch die Motive.

In Mittenwald wird ein Volksfest gefeiert. Vielleicht hatte hier auch der Tuba-Radler seinen Auftritt gehabt. Überall sieht man

◀ *Der Berg ruft – Felsen bei Scharnitz*

Schmerzliches Totengedenken

Menschen in Trachten. Einer hat so wunderbare O-Beine, dass wir heimlich ein Foto schießen. Etwas hinterhältig, zugegeben, zumal die eigenen Haxen nun auch nicht gerade dem Schönheitsideal entsprechen. Schon unser Turnlehrer hat sie einst als Säbelbeine bezeichnet, was natürlich nichts anderes ist als ein militärischer Euphemismus für den Buchstaben O.

Ein grüner Velourhut, auf dem ein kecker Gamsbart steckt. Die Mittenwalderinnen scheinen emanzipiert zu sein, ist der Gamsbart doch das Attribut des Mannes. Diese tragen im Werdenfelser Land üppig mit Edelweiß, Enzian und Wappen bestickte Hosenträger. Tradition scheint hier noch großgeschrieben zu werden. Oder besser: wieder. Selbst junge Leute sieht man in Tracht. Seit den 1960er-Jahren galt sie als verstaubtes Requisit einer überwunden geglaubten Epoche. Und nun das! Selbst außerhalb von Bayern wird auf den Volksfesten wieder Tracht getragen – jedenfalls das,

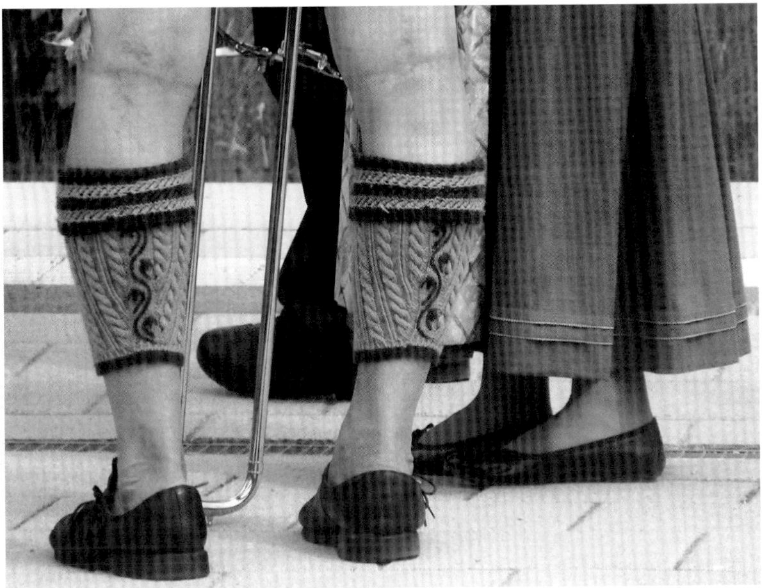

Stilechte O-Haxen in Loferln

was man dafür hält. Die Burschen mit Lederhosen und karierten Hemden, die Madeln mit den luftigsten Dirndln. Wer hätte es für möglich gehalten? Ein junges Mädchen in allerluftigster Tracht stürzt schwankend zu Boden und lacht. Ihre beiden Freundinnen, beide augenscheinlich selbst nicht mehr sicher auf den Beinen, versuchen, sie hochzuziehen, dann sitzen sie alle drei auf der Straße und lachen sich schief. Scheint ein lustiges Völkchen zu sein, die Mittenwalder.

Wir werfen einen kurzen Blick in die Pfarrkirche, die man in reichem Barock ausstaffiert hat. Als wir wieder nach draußen treten, bemerken wir einen Mann, der oben auf einem Sockel sitzt. So vertieft ist er in seine Arbeit, dass er uns nicht zu bemerken scheint. Er hält eine Geige in den Händen, spielt aber nicht darauf, sondern scheint sie prüfen und zu polieren. Es ist kein Straßenmusikant, seine Kunst greift tiefer, sie macht Musik erst möglich.

Matthias Klotz

Matthias Klotz bei der Arbeit: Denkmal in Mittenwald

Nomen est omen? Selten ein Familienname, der unpassender erscheint. Alles andere als ein grober Klotz ist der Begründer des Mittenwalder Geigenbaus gewesen. Mit seinen geschickten Händen gelang es Matthias Klotz (1653–1743), meisterliche Instrumente zu bauen. Wenige Jahre nach dem Ende des Dreißigjährigen Krieges geboren, erfüllte er das in der Barockzeit aufkeimende Bedürfnis nach Harmonie und Schönheit. Die Menschen sehnten sich nach Musik und Tanz, nach all den Freuden und Zerstreuungen, die ihnen in der Schreckenszeit verwehrt geblieben waren. Günstige Zeiten für einen Geigenbauer.

Wahrscheinlich in Füssen, dann in Südtirol ausgebildet, machte Klotz sich in seiner Geburtsstadt Mittenwald selbstständig und gab sein Wissen an seine Nachkommen weiter. Und die waren zahlreich – eine echte Dynastie wuchs hier heran. Jede neue Generation verfeinerte Kunst und Technik, ersann immer raffiniertere, immer besser klingende Geigen. Die Instrumente von Aegidus Klotz, eines Enkels von Matthias, waren so begehrt, dass mancher Musiker mehr Geld dafür bezahlte als für eine Stradivari.

Noch heute besteht in Mittenwald eine Geigenbauschule, zahlreiche Meister sorgen für den Erhalt der großen Tradition. Ob die heutigen Geigenbauer noch mit einem kleinen Silberhämmerchen durch die Wälder streifen, um den Baum zu finden, der am besten klingt? So

Romeo und Julia auf dem Lande: Lüftlmalerei in Mittenwald

war es Brauch zu Matthias Klotz' Zeiten. Im Mittenwalder Geigenbaumuseum könnten wir uns informieren, aber wie es einem als Radfahrer so geht, man muss sich beschränken, will man vom Fleck kommen. „Servus, du Fiddler on the Sockel!", rufen wir ihm zu und steigen auf den Sattel.

Wir radeln aus Mittenwald hinaus. Werdenfelser Land heißt diese Alpenregion auch, nach einer alten Burg bei Garmisch, das nicht weit entfernt liegt. Das Zugspitzmassiv mit dem pyramidenförmigen Gipfel der Alpspitze ist schon zu erkennen. Auf einem Wiesenstück neben einer Isarbrücke ein Wegkreuz mit Inschrift: „Zum Gedenken an den ehrengeachteten Herrn Peter Reindl, Oek.-Sohn v. Mittenwald, welcher hier am 23. Aug. 1911 im Alter von 26 Jahren vom jähen Tod ereilt wurde." Welchen Tod der junge Mann wohl erleiden musste? Einen Bergunfall, einen Sturz ins Wasser, einen Kutschunfall? Wir erfahren es nicht. „Eine Rose für das Leben, eine Lilie für das Grab, Gott mit Schmerz zurückgegeben, was er uns zur Freude gab." Wir meinen, eine versteckte Gotteskritik aus diesen Versen herauszuhören. Wer will es den Angehörigen, den Eltern verübeln, bei einem solchen Schicksalsschlag ins Zweifeln zu geraten?

Die Berge treten ein wenig zurück, das Tal wird breiter und grüner. An einem kleinen Platz am Wege ein Denkmal, ein Muli, mit Lasten schwer beladen. „Dem Tragtier, dem unentbehrlichen Helfer des Menschen in den Bergen, errichtet in Erinnerung an die Tragtierführer von Angehörigen und Freunden der Gebirgstruppe 1978." Stimmt, die Gebirgsjäger sind ja hier zuhause. Sympathisch, einem Muli ein Denkmal zu setzen. Sympathisch auch: Liesl Karlstadt verbrachte als „Obergefreiter Gustl" zwei Jahre bei den Gebirgsjägern und pflegte die als Tragtiere eingesetzten Mulis. Sie hatte sich auf die Ehrwalder Alm zurückgezogen, um sich von seelischen Strapazen zu erholen, die ihr nicht zuletzt ihr Bühnenpartner Karl Valentin zugefügt hatte.

Bald passieren wir die große Kaserne, die Karwendel-Kaserne der Gebirgstruppe. Nicht unumstritten war die Rolle der Gebirgsjäger im Zweiten Weltkrieg. Gerne setzte man sie bei der Partisanenjagd in südlichen Bergen ein, auch in Griechenland, wobei es auf beiden Seiten schwere Verluste gab, ein Krieg, der oft mit schmutzigen Mitteln geführt worden ist. Aber wann hat es je einen sauberen Krieg gegeben?

Die wilde Isar scheint sich nach Mittenwald etwas zu beruhigen. Immer noch munter, aber keinen Schaum mehr schlagend, fließt sie durch zarte Uferwälder dahin. Nun hat sie sich für ein gletschergrünes Kleid entschieden. Über hübsche Buckelwiesen mit blühenden Pfingstblumen kommen wir nach Klais, dessen Bahnhof sich stolz als der höchste Bayerns bezeichnet. Doch nicht der Bahnhof interessiert uns, wir sind auf der Suche nach einem bedeutend älteren Gebäude. Viel ist jedoch nicht mehr von diesem zu sehen, nur noch die Reste von brüchigen Grundmauern. Sie wurden erst in den 1970er-Jahren freigelegt, seitdem streiten die Historiker. Viele aber sind sich sicher, dass es hier bei Klais im Isartal gestanden haben muss, das legendäre Kloster Scharnitz, welches einen ganz besonderen Abt gehabt hatte.

Arbeo von Freising

Deutschland, ein Land der Dichter und Denker. Ungezählt die Schar seiner Poeten. Wer aber war wohl der erste, der älteste von ihnen? War es Walther von der Vogelweide oder Wolfram von Eschenbach? Man müsse noch viel tiefer in die Literaturgeschichte hinabsteigen, meinen die Experten. Der erste deutsche Schriftsteller, von dem man wisse, sei der Mönch Arbeo gewesen. Ihm verdanken wir die Lebensbeschreibung zweier Heiliger. Interessanterweise ist deren Schicksal genau wie das von Arbeo eng mit dem Isartal verbunden gewesen, in besonderer Weise das von Korbinian.

Vielleicht ist es hier im Isartal gewesen, als die Sache mit dem Bären passierte. Korbinian, so die Legende, hatte sich zu einer Wallfahrt nach Rom aufgemacht, als ein Bär aus dem Wald sprang und sein Maultier fraß. Korbinian war empört – wer sollte nun sein Reisegepäck tragen? Mit heiligem Zorn verdonnerte der Kirchenmann den Bären, die Rolle seines armen Lasttiers zu übernehmen. Dieser war so beeindruckt, dass er anstandslos gehorchte. Brummend ließ er sich das Gepäck aufbinden und beförderte es über die Alpen und weiter bis nach Rom. Darüber staunen die Römer bis heute. Noch 2011 haben sie im Stadtteil Infernetto dem hl. Korbinian eine Kirche geweiht.

Arbeo von Freising – Bischof und Literat

Neben dieser Legende erfahren wir durch Arbeos Schriften viele frühe Details der bayerischen Geschichte. Seinen Beinamen erhielt Arbeo, nachdem er 764 Bischof von Freising geworden ist. Mit gleichem Recht aber könnte er auch Arbeo von Scharnitz heißen, abgeleitet von dem Klaiser Kloster, vor dessen Resten wir stehen. Ein Jahr stand Arbeo, der aus dem Adelsgeschlecht der Huosi stammen soll, dem Kloster als Abt vor, bevor es nach Schlehdorf an den nahen Kochelsee verlegt

Wilde Wasser, vom Menschen gezähmt

wurde. Arbeo verdanken wir neben den eigenen Schriften auch die älteste Bibliothek am Isarufer, die Dombibliothek von Freising, der Stadt, in der er begraben liegt.

Wir beschließen, die Freisinger nach Arbeos Grab zu fragen. Mal sehen, ob uns jemand weiterhelfen kann. Bis nach Freising aber ist es noch ein hübscher Weg. Unsere nächste Station hingegen liegt ganz nah und wieder direkt am Isarufer: das Städtchen Krün.

Krün

Als wir zum Flussufer hinunterfahren wollen, stehen wir plötzlich an einem Kanal. Was nun? Wie weiter? Sollen wir dem ursprünglichen Flussbett der Isar folgen oder ihrem Wasser? Was so selbstverständlich zusammengehört, wurde hier auf gewaltsame Weise getrennt. 1924 grub man der Isar das Wasser ab, leitete es durch einen Kanal zum Walchensee, einem der größten deutschen Alpengewässer. Dessen Besonderheit: Er liegt auf über 800 m Höhe. Von dort geht's steil hinab ins Tal, hinunter zum Kochelsee. Und dieses Gefälle von 200 m ergibt eine wunderbare Wasserrutschbahn, die gewaltige Turbinen antreibt. Strom! Strom in gigantischer Menge wird hier geerntet. Weil aber die natürlichen Zuflüsse des Walchensees zu klein sind, kam man auf die Idee, große Teile der Isar abzuleiten. Seitdem wird die Isar bei Krün aufgestaut und angezapft, zum Glück jedoch nicht mehr so radikal wie früher, so dass wir uns bei der Weiterfahrt mit ruhigem Gewissen für das traditionelle Flussbett entscheiden können.

Der künstliche Bypass hatte einschneidende Folgen für die Menschen des Isartals. Der Fluss ist ihre Lebensader gewesen. Von Scharnitz und Mittenwald aus übten die Flößer ihr Handwerk aus, transportierten nicht nur die Baumstämme, sondern mit ihnen alle möglichen Waren, die sie aus Italien bezogen. Der venezianische Markt in Mittenwald war eine Attraktion. Auch Kalk und Steine, Baumaterial für das so schnell wachsende München, wurden auf den kräftigen Baumstämmen transportiert. Über die Isar in die Donau gelangten die Flöße selbst bis nach Wien und Budapest! Bis zu 8000 Flöße lan-

Krün in der Alpenwelt Karwendel

deten in der Mitte des 19. Jhs. allein in München, ein gewaltiger Wirtschaftszweig. Dafür aber war seit 1924 kein Wasser mehr da. Die Eisenbahn übernahm nun den Gütertransport, die Flößer wurden abgefunden und mussten sich eine neue Arbeit suchen. Auch den Fischen gefiel der gesunkene Pegel überhaupt nicht, viele Arten verabschiedeten sich.

Andere sahen den Eingriff in die Natur völlig unsentimental. Major von Donat, einer der Hauptbefürworter des Überleitungsprojekts: „Zu was wird das Isarwasser denn jetzt gebraucht? Kein Mensch und kein Vieh trinkt es. Weder für die Berieselung noch für die Industrie wird es benützt. Warum sollte man auch mühsam aus dem tiefen Flussbett das Wasser emporschleppen oder gar sich nahe an einem so ungemütlichen Nachbarn ansiedeln?"

Nicht alle Zeitgenossen dachten so. Schon damals gab es engagierte Naturschützer, welche den Eingriff ins Isartal nicht hinnehmen wollten. Aber die ökonomischen Argumente überwogen. Seit 1924 werden die Turbinen am Walchensee auch durch das Isarwasser angetrieben.

Wer hat den größten im oberen Isartal? Stolz rufen die Krüner: „Wir natürlich!" 43 m misst das aktuelle Exemplar, der längste Maibaum weit und breit. Es herrscht ein lustiges Treiben, wenn solch ein Baum aufgerichtet wird. Die Burschen des Trachten- und des Fingerhaklervereins müssen streng auf die Befehle des „Moastas“ achten, um die in den Bergen geschlagene Fichte, die von den Jungfrauen des Ortes (oder zumindest: den jungen Frauen) reich geschmückt worden ist, mit hölzernen Gabeln in die Senkrechte zu bringen. Kein ungefährliches Unterfangen, ganz Bayern kann ein Lied von Maibaumunfällen singen. Besonders heikel, wenn eine Stützstange bricht. Dann heißt es: Rette sich, wer kann! Es soll schon Tote gegeben haben. Einmal traf es eine Großmutter, die ihre fünfjährige Enkeltochter im Arm gehalten hat. Die Großmutter wurde erschlagen, das Kind schwer verletzt. Nicht in Krün, zum Glück. Hier haben sich andere dramatische Dinge ereignet. Wir setzen uns auf eine Bank am Isarufer und lesen einen erschütternden Bericht über die letzten Tage des Zweiten Weltkriegs in Krün, eine Reportage des „Hochland-Boten“.

Das Wunder von Krün

„Am 1. Mai wurden ca. 2000 KZ-Häftlinge, vor allem Juden, aus dem Lager Dachau durch die SS an einem Teich bei Krün zusammengetrieben. Die SS hatte diesen Zug menschlichen Elends noch nach Österreich schleppen wollen, wurde aber durch die vorrückenden amerikanischen Truppen an diesem Vorhaben gehindert und beschloss dann eine vorzeitige ‚Liquidierung‘. Man hatte den Haufen verhungerter, zu Tode erschöpfter Menschen mit einem Kordon umgeben und ein Maschinengewehr in Anschlag gebracht, der Befehl zum Erschießen war bereits gegeben worden. Wie durch ein Wunder entgingen diese Menschen ihrer Vernichtung. Eine unbekannte Frau flehte den befehlsführenden SS-Mann um Erbarmen, diese Unglücklichen am Leben zu lassen. Der SS-Mann ließ sich auch erweichen und fuhr mit der Frau davon. Die KZler blieben am Leben.“

Eine Heldin, eine Heilige. Sie hatte ihr eigenes Leben riskiert, um Unschuldige zu retten. Was wird aus ihr geworden sein? Wird man ihr in Yad Vashem, in Jerusalem, einen Baum gepflanzt haben, als Beitrag zur „Allee der Gerechten unter den Völkern“? Der SS-Mann sei mit ihr davongefahren. Dieser Satz tanzt weiter durch unser Hirn, als wir wieder aufsteigen und weiterfahren. Was hatte es damit auf sich? Hat sie ihm, der durch die Rücknahme des Befehls sein eigenes Leben gefährdet hatte, ein Versteck versprochen? Hat sie ihm angeboten, ihn mit sich nach Hause zu nehmen, bis die Amerikaner nach Krün kamen? Hat sie ihm die Kleidung ihres Mannes, ihres Bruders gegeben, um ihn in einen Zivilisten zu verwandeln, aus Dankbarkeit dafür, dass er sich von ihrem Flehen hat erweichen lassen? Und wie war es möglich, dass sich der Scherge eines Mörderregimes durch das Flehen einer einfachen Frau hat anrühren lassen? Wenn man völlig abgebrüht geworden ist durch das Erlebte, kalt gegenüber jedem Elend und Unrecht, nur Befehl und Gehorsam kennt? – Ein Wunder, das Wunder von Krün.

Wallgau

Ein paar Kilometer weiter kommen wir schon in den nächsten Isar-Ort: Wallgau ist ein frühes Altersheim gewesen, wenn man den Historikern und Namensforschern glauben darf. Unter Walchen oder Welschen verstand man Römer, ausgediente Legionäre, die vor den von Norden kommenden Bajuwaren zurückgewichen waren, um sich an der Isar ihren Altersruhesitz zu bauen. Kein schlechtes Plätzchen. Wenn es auch hier zu ungemütlich werden sollte, konnte man zur Not den Fluss hinauf die Straße nach Italien nehmen.

Im Jahr 1786 hat ein besonderer Gast im Städtchen genächtigt. Auch die Umstände seiner Reise sind sehr speziell gewesen. Begeben wir uns auf eine kleine Zeitreise, spielen wir ein bisschen Detektiv.

Goethe auf der Flucht

Doch er ist es! Kein Zweifel! Wir haben ihn sofort erkannt. Zwar tut er völlig unschuldig, gibt sich so, als würde er uns nicht bemerken, und schlendert betont gleichmütig über den Dorfplatz, aber damit kann er uns nicht täuschen! Den Staatsrock trägt er natürlich nicht, seine Kleidung wirkt einfach und unauffällig, auffällig unauffällig! Einfache Reisekleider hat er an, so, wie sie die Kaufleute tragen, dazu ein schlichtes Tuch um den Hals. Und doch, allein schon der Blick, die Art und Weise, wie er die Wolken und Berge betrachtete, die Lüftlmalereien und den Zwiebelturm von St. Jakob. Dieser kritisch-prüfende, diagnostisch-kühle Kennerblick, dieses unwillkürliche Zusammenkneifen der Augenlider, das leichte Kopfschütteln, alles verrät ihn, verrät den Dichter und Denker. – Kaufmann, pah, alles nur Verkleidung! Selbst seinen Namen hat er eingetauscht, wie wir später erfahren, Johann Philipp Möller nennt er sich. Aber uns legt er damit nicht herein!

Wir bleiben im Schatten der Kirche stehen und schauen uns vorsichtig zu ihm um. Leicht auf den Füßen wippend, dreht er auf dem Absatz um und geht in die Kirche hinein. Wir folgen ihm unauffällig. Nein, er ist es tatsächlich, hundertprozentig! Allein die Art, wie er sich bewegt, diese unnachahmliche Mischung aus elastisch-jugendlicher Leichtigkeit und würdevollem Einherschreiten, dieses höchstselbstbewusste Durchqueren des Kirchenschiffs in seiner Mitte, dieser prüfend-abwägende Wiegeschritt! Jetzt bleibt er wieder stehen und schaut hinauf zum Netzrippengewölbe des Chors, so dass wir sein Profil betrachten können. Klassisch die mutig hervorspringende Nase, männlich beherrscht der Lippe unterer Teil, im Kontrast dazu die Oberlippe etwas zu sinnlich in ihrem leicht übertriebenen Schwung. Seine Haare wellen sich lockig zum Nacken hinab und bedecken zur Hälfte das wohlmodellierte Ohr. Groß und dunkel aber blicken die Augen zum gotischen Gewölbe. Nein, ein Zweifel ist nicht möglich, selbst wenn, ja wenn uns – wir gestehen es – sein ungewohntes, fast spitzbübisch zu nennendes Lächeln leicht irritiert, ein Lächeln, als will er uns sagen: „Gell, damit habt ihr nicht gerechnet?“

Wir bleiben in sicherem Abstand stehen. Was um alles in der Welt sucht er nur hier in Wallgau? Warum ist er nicht daheim in Weimar oder bei den anderen in Karlsbad zur Kur? Diese Verkleidung, der Mangel einer Reisebegleitung, das ganze Versteckspiel, es kann nur eine Antwort dafür geben. Mit zunehmendem Tadel blicken wir in seine Richtung. Hat sich einfach so weggestohlen, leise, wie ein Dieb in der

Goethe incognito auf Reisen. – Gemälde von Johann Heinrich Wilhelm Tischbein, 1787

Nacht. Hat seine Sachen gepackt und ist davon, auf und davon Richtung Süden. Hat einfach alles hinter sich gelassen, alle seine Pflichten und Tagesgeschäfte. Immerhin ist er doch Minister! Das soll sich heute mal jemand erlauben, aus und vorbei wäre es mit ihm und seiner Karriere! Und zu Recht!

Unser Besucher scheint gehen zu wollen. Er wendet sich ab und nähert sich dem Ausgang, wir hinterher. In der Tür stehend sehen wir noch, wie er in lustigen Hüpfern die breite Treppe hinabspringt. Wenn das seine Geliebte sehen könnte! Was soll sie denn über ihn denken? So was macht man doch einfach nicht, sich ganz alleine aus dem Staub machen! Ein Reisetagebuch will er für sie schreiben, als wenn das ein Trost wäre. Vor allem, wenn sie die vielen freien Seiten misstrauisch beäugen wird.

Da vorne verschwindet er um die Ecke. Soll er nur seine Faustina kennenlernen, soll er nur fahren dahin, ins Land, wo die Zitronen blühen. Wenn er wieder heimkommt, blüht ihm jedenfalls ganz was anderes! Soll er nur hinunter nach Arkadien, uns jedenfalls macht er nichts vor, der Herr Geheime Rat!

Goethe war nicht der einzige Dichter, der auf dem Weg nach Italien in Wallgau nächtigte. Etwa 30 Jahre später sollte ihm ein ebenso heller Kopf folgen, der mit noch spitzerer Feder zu schreiben pflegte: Heinrich Heine. Es war zu einem Zeitpunkt, als der Düsseldorfer Dichter den Rhein liebend gern mit der Isar eingetauscht hätte. Heine träumte von einer Professur in München, aus der aber nichts wurde, weil er es sich mit der katholischen Geistlichkeit verdarb. Seine Liebe zum Spott war stärker gewesen als sein Kalkül in Karrierefragen.

Gasthof zur Post in Wallgau. Stieg der incognito reisende Goethe 1786 hier ab?

Später dichtete er spöttelnd über König Ludwig I., der ihm die erhoffte Professur nicht verliehen hatte:

Das ist Herr Ludwig von Bayerland.
Desgleichen gibt es wenig;
Das Volk der Bavaren verehrt in ihm
Den angestammelten König.
Er liebt die Kunst, und die schönsten Fraun
Die läßt er porträtieren,
Er geht in diesem gemalten Serail
Als Kunst-Eunuch spazieren.
(…)
Herr Ludwig ist ein großer Poet,
Und singt er, so stürzt Apollo
Vor ihm auf die Knie und bittet und fleht:
Halt ein! ich werde sonst toll, oh!

Im Isarwinkel und am Sylvensteinsee

Während es Goethe und Heine isaraufwärts zog, zieht es uns die Isar hinab. Hinter Wallgau beginnt ein Flussabschnitt, der unter dem Namen Isarwinkel bekannt ist. Zum letzten Mal fließt der Fluss im Schutz der Alpen dahin, bevor er sich unter den freien, offenen Himmel des Voralpenlandes begibt. Steil ragen noch einmal die Bergwände zu beiden Seiten des Tals empor, klingende, alte Namen: Galgenwurfköpfl, Pfetterkopf, Rißer Hochkopf, Brünsteck, Schürpfeneckberg, das Stuhlbachjoch mit seinen über 1700 m, Schwarzberg, Roßkopf ... Imposante Bergriesen, die den Isarwinkel bilden.

Will man die hübsche Waldstraße mit dem Auto befahren, so muss man in die Tasche greifen: Der Wächter einer Mautstation ist wachsam. Uns Radfahrer aber lässt er grüßend passieren. Prächtige, gesunde Mischwälder begleiten uns in die Einsamkeit des Naturschutzgebietes, auf kurviger Strecke geht es auf und ab, an einem Parkplatz zur Rechten sehen wir plötzlich etwas glitzern: den Sylvensteinsee.

Norwegen in Bayern. Ein Fjord an der Isar. Umrahmt von steilen Felswänden glitzert eine gewaltige Wasserfläche: Der Sylvensteinsee sieht aus wie von der Natur geschaffen, tatsächlich verdankt er seine Existenz dem Menschen. Weniger vor dem Hochwasser soll der Stausee schützen als vor dem Gegenteil, dem Niedrigwasser. Die Isar war zu Beginn der 1950er-Jahre zur Flussleiche verkommen. Nachdem man ihr seit 1924 bereits das Wasser bei Krün weitgehend entzogen hatte, verschlimmerte sich die Situation durch die Umleitung zweier Zuflüsse. Die Wasser der Tiroler Ache leitete man zum Inn ab, den Rißbach seit 1949 über lange Stollen zum Walchensee. Was übrigblieb, ist ein Rinnsal gewesen. Besonders die Tölzer protestierten heftig. Verständlich – wer lebt schon gerne an einer Flussleiche? So baute man zwischen 1954 und 1959 eine gigantische Staumauer von 44 m Höhe, auf einer Länge von 7 km füllte sich das Isartal und wurde zum Fjord. Seitdem kann man in wasserreichen Zeiten, etwa zur Schneeschmelze, den See aufstauen, um die Isar in Trockenzeiten wieder aufzufüllen.

An der Uferstraße des Sylvensteinsees hat sich einer der wohl seltsamsten Verkehrsunfälle zugetragen. Am 14. Juni 2006 fährt ein Autofahrer den See entlang, als plötzlich ein großes Tier vor ihm auftaucht. Mit einer Reflexreaktion kann der Fahrer gerade eben einen Frontalzusammenprall verhindern, streift den Riesen nur.

Bruno, der Problembär

Es muss ein unangenehmes Gefühl sein, mit seinem Auto einen Bären zu touchieren. Glücklicherweise verlief der Unfall für beide Parteien glimpflich, das Auto musste sich lediglich von einem Außenspiegel verabschieden, und auch der harte Schädel von Bruno scheint die Kopfnuss nicht sonderlich übel genommen zu haben – jedenfalls lief der Bär unbeirrt weiter. Unverändert blieb auch sein Appetit – und das sollte den Bären zum Problembären machen: JJ1, von allen nur Bruno genannt.

Vielleicht lag es daran, dass es in Bayern seit langer Zeit keinen Bären mehr gegeben hat, den letzten hatte man 1835 bei Ruhpolding erlegt. Der moderne Mensch hat einfach keine Erfahrung im Umgang mit ihnen, und Bruno hatte keine Erfahrung mit dem modernen Menschen. So musste sich zwangsläufig ein tiefes kulturelles Missverständnis auftun. Verschärfend kommt hinzu, dass es sich bei Bruno um einen Bären mit Migrationshintergrund handelte. In Italien, im wildromantischen Naturpark Adamello-Brenta in der Nähe von Trient, zur Welt gekommen, hatte er keine Ahnung von der Zivilisation und ihren Tücken. Kaum den Kinderschuhen entwachsen, hat er sich auf Wanderschaft begeben, mutig den Alpenhauptkamm überwunden und sich in Tirol umgesehen. Nun, und wo er schon mal in Tirol war, hat er sich gedacht, schau ich mir doch mal das schöne Bayern an. Völlig legal passierte er die Grenze, als gebürtiger Italiener von den Freizügigkeiten des Schengener Abkommens profitierend. Ständig unterwegs, legte er täglich große Strecken zurück. Besonders schien es Bruno im Isartal gefallen zu haben. Nachdem er bei Garmisch erstmals bayerische Schafe, Hühner und Tauben verkostet und sich in Fügen zum Nachtisch einen Bienenstand einverleibt hatte, jagte er

Der Sylvensteinsee
auf 750 m Höhe

Bruno, der „Problembär", lebt heute leider im Museum

wenige Tage später bei Klais eine weitere Schafsherde, tötet drei Tiere, verletzte drei weitere und auch ein Ziegenkitz. Spätestens jetzt wurde er als Problembär eingestuft.

Gespalten aber war das Volk. Die einen waren begeistert: Endlich wieder ein Bär in Deutschland! Die anderen forderten vehement seine Beseitigung. Die Sympathien folgten dabei einem einfachen mathematischen Gesetz: Sie wuchsen mit dem Quadrat der Entfernung. Je weiter man vom oberen Isartal entfernt wohnte, desto mehr liebte man Bruno. Umweltminister Schnappauf aber wollte kein Risiko eingehen und befahl, den Problembären mit einem gezielten Schuss zur Strecke zu bringen. Ein Einfangen schien nicht möglich.

Dies war jedoch einfacher gesagt als getan, denn Bruno wechselte ständig sein Jagdrevier. Man ließ erfahrene Bärenjäger aus Finnland einfliegen, die Suchhunde mitbrachten, doch auch diesen Experten gelang es nicht, ihn dingfest zu machen. Bruno wurde darauf immer dreister. In Kochel brach er einen Hasenstall auf, tötete ein Kaninchen und sogar ein Meerschweinchen, was sich als schwerer Fehler erweisen sollte, denn darauf ging die Zahl seiner treuen kindlichen Unterstützer deutlich zurück. Ein Meerschweinchen, das geht nun wirklich nicht! Am 26. Juni dann das Ende: Auf 1500 m Höhe, auf der Küpflalm am Spitzingsee, traf ihn des Jägers Kugel. Bruno wurde ausgestopft und zusammen mit 1000 eigens präparierten Bienen an seinem Lieblingsort platziert, einer Imkerei. So hat es Bruno denn sogar noch viel weiter die Isar aufwärts geschafft, bis nach München ins Museum *Mensch und Natur.* Dort kann er nun gefahrlos bestaunt werden. Von wem? Von lauter Problemmenschen, würde er wahrscheinlich brummen.

Den Namen des Jägers, der Bruno zur Strecke brachte, hält man bis heute geheim. Man befürchtet, er könnte Opfer eines tierischen Shitstorms werden, eines Bearshitstorms, sozusagen.

Direkt am Sylvensteinsee liegt unser Nachtquartier. Das Haus trägt den seltsamen Namen „Jäger von Fall". Auch dazu gibt es eine Geschichte.

Der Jäger von Fall

Eine Frau zwischen zwei Männern. Die Sennerin Marei, die allein auf einer Alphütte lebt, liebt den Wilderer Blasi. Der aber denkt nicht daran, bei ihr zu bleiben, auch dann nicht, als sie ein Kind von ihm bekommt. Er will eine reiche Bauerstochter heiraten, lässt Marei sogar ein Schriftstück unterzeichnen, dass das Kind nicht von ihm sei. Der ehrliche Jäger Friedl hingegen liebt Marei, sie aber will nichts von ihm wissen. Sie glaubt weiter daran, eines Tages mit Blasi glücklich zu werden. Dramatisch wird es, als Friedl die Fährte des Wilderers aufnimmt, der sich bei Marei versteckt. Am Ende siegt das Gute: Blasi wird auf der Flucht erstochen, Friedl heiratet seine Marei.

Der Heimatroman, der 1883 erschien, wurde zu einem großen Erfolg, sein Autor, Ludwig Ganghofer, zu einem berühmten Mann. Oft hat er sich an der oberen Isar aufgehalten, er war selbst ein leidenschaftlicher Waidmann. „Der Jäger von Fall" wurde viele Male verfilmt und auf die Bühne gebracht. Auch heute noch fasziniert die Geschichte einer Frau, die sich zwischen einem Schurken und einem rechtschaffenen Mann entscheiden muss.

Der Ort der Handlung, das Städtchen Fall, existiert nicht mehr. Es wurde im Sylvensteinsee ertränkt und zu einem bayerischen Atlantis gemacht.

Im schönen Biergarten des Hotels „Jäger von Fall" wird ein ausgezeichnetes Weißbier ausgeschenkt. Zum Glück gibt es auch noch etwas zu Essen. Wir schwanken, ob wir das Hirschgulasch wählen sollen, denn Ludwig Ganghofer zu Ehren wäre ein Wildgericht sicher passend. Wir aber entscheiden uns für den Schweinekrustenbraten und werden nicht enttäuscht. Genau so resch muss eine Kruste sein, richtig krachen muss sie beim Reinbeißen.

Wir sind so ziemlich die einzigen Gäste an diesem lauschigen Abend. Nur eine Gruppe von Polizisten, die den G7-Gipfel bewachen müssen, sitzt noch mit uns unter den blühenden Kastanien. Unfreiwillig werden wir Zeugen ihres Gesprächs. Ein älterer Beamter und Wortführer der Gruppe trauert alten Zeiten hinterher. Wenn man früher zu zweit auf Streife war, habe man anregende Gespräche über Gott und die Welt geführt. Sein junger Kollege aber habe keine Zeit mehr dafür, er müsse mehr als 50 Apps auf seinem Smartphone pflegen. Wenigstens, das muss der Beamte zugeben, hätten sie durch Informationen aus sozialen Netzwerken schon die ein oder andere Schlägerei verhindern können. Immerhin.

Durch ein kräftiges Radlerfrühstück gestärkt brechen wir auf. Am Wochenende hätte es sogar ein Ludwig-Ganghofer-Frühstück gegeben, was immer man sich darunter vorzustellen hat. Vielleicht gewildertes Wildschwein in Aspik? An der Rezeption noch eine kleine Aufregung. Der Zimmerjunge hatte den beiden jungen Hotelmitarbeiterinnen eine verknotete Plastiktüte gebracht, in der eine vergessene Herrenunterhose steckte. „Herrenunterhosen werden bei uns weggeworfen", sagte die eine der beiden Rezeptionistinnen rasch. „Sie stammt aber aus einem Polizistenzimmer", brummte der Zimmerjunge. Das schien den Fall kompliziert zu machen, jedenfalls starrten beide junge Damen die Unterhosentüte unschlüssig an. „Polizistenwäsche ist Staatseigentum", gab der Zimmerjunge zu bedenken. Klar! Und wer traut sich schon, Staatseigentum zu entsorgen? „Vielleicht ist sie am Ende sogar kugelsicher", kicherte die eine Rezeptionistin, und die andere musste ebenfalls anfangen zu kichern. „Wir legen sie erst einmal beiseite", beschlossen sie schließlich.

Ein salomonisches Urteil. Polizist müsste man sein! Dann bekommt man sogar seine Unterhose zurück. Doch nun ab aufs Rad und weiter!

2. Flussabschnitt:

VOM SYLVENSTEINSEE BIS MÜNCHEN

Kurz hinter Neu-Fall geht es über eine lange Brücke über den Sylvensteinsee, herrliche Aussichten über den Isarwinkel. Nicht nur Ludwig Ganghofer, auch sein schreibender Kollege Ludwig Thoma, der neben ihm auf dem Friedhof von Rottach-Egern ruht, hat hier gejagt, auch Ludwig II. von Bayern, „der Kini", und Paul von Hindenburg. Nirgends tönt das Echo schöner.

Als wir uns dem Staudamm nähern, fallen uns große Baumaschinen auf. Man ist dabei, die große Mauer zu ertüchtigen. Bei starkem Alpenhochwasser kann es passieren, dass der See überzulaufen droht, mit gefährlichen Folgen für die Statik. Deshalb müssen weitere Schleusen geschaffen werden. Für uns Radler hat man einen Tunnel durch das Bergmassiv geschlagen. Unwillkürlich ziehen wir den Kopf ein und tauchen ins Dunkel. Auf der anderen Seite rauscht das Wasser aus den Durchlässen und findet sich neu zur Isar zusammen, an deren südöstlichem Ufer uns der Weg entlangführt. An einem Rastplatz ein Holzkreuz, das nachdenklich stimmt: „Unserem Bergkameraden Sepp Priglmeir, geboren am 23.1.12, ermordet am 29.11.48, zum Gedenken gewidmet vom Schi Club Tölz." Ermordet von wem? Und warum? Auch Google weiß es nicht.

Vorbei geht's an Winkel und Fleck, Ortschaften, deren Namen uns gefallen. Kurz und knapp, bescheiden und witzig zugleich. Danach wird die Gegend städtischer, wir erreichen Lenggries.

Lenggries

Wenn man sich mit typischen Produkten des oberen Isartals befasst, dann darf man eine Kategorie nicht vergessen: den Wintersportler. Besonders den Isartaler Frauen scheint das Klima zu bekommen, große Sportlerinnen wachsen hier heran wie Pilze. In Wallgau kann man den Magdalena-Neuner-Panoramaweg ablaufen und bekommt auf 28 Tafeln erklärt, wie man es schafft, einerseits rasend schnell auf den Skiern unterwegs zu sein und zugleich eine solch ruhige Hand zu behalten, dass man beim Schießen alle Scheiben trifft. Die sympathische Olympiasiegerin stammt aus Wallgau.

Am „Großen Garland“, dem Hausberg von Lenggries, haben drei weitere erfolgreiche Damen ihr Handwerk gelernt: Martina Ertl sowie die Schwestern Michaela und Hilde Gerg. Steil, bucklig und oft vereist: Wer den Garland beherrscht, kommt auf allen anderen Weltcup-Abfahrten zurecht. Michaela Gerg, die gebürtige Lenggrieserin, wurde fünfmal deutsche Meisterin. Ihre Schwester Hilde hat insgesamt sechs olympische Medaillen gewonnen, 1998 die goldene im Slalom in Nagano. Großes Verletzungspech beendete ihre Karriere vorzeitig.

Schlimmer noch traf sie ein weiterer Schicksalsschlag: Wolfgang Graßl, für den Deutschen Skiverband tätig, trainierte auch Hilde Gerg. Aus der Arbeitsbeziehung wurde Liebe. Die beiden heirateten, bekamen zwei Kinder, betrieben am Königssee gemeinsam eine Pension. Zugleich war Graßl in einem Sportinternat tätig, das so erfolgreiche Skifahrerinnen wie Maria Riesch und Evi Sachenbacher besucht hatten. Auf der Rückfahrt zu seiner Familie muss er plötzlich heftige Schmerzen bekommen haben. Dem 40-Jährigen gelang es noch, einen Parkplatz anzusteuern, dann brach er zusammen. Autofahrer eilten zur Hilfe, der Rettungsdienst wurde alarmiert. Zu spät. Wolfgang Graßl starb an inneren Blutungen, seine Hauptschlagader war gerissen.

Die meisten Lenggrieser scheinen von den Bergen zu leben. Bergbahnen schaufeln sommers wie winters Touristen auf

Mord verjährt nicht!

Der Sylvensteinsee mit Faller-Klamm-Brücke (329 m Länge)

die Höhen. Von oben genießt man dann einen Blick auf das überschaubare Städtchen. Das imposanteste Gebäude von Lenggries ist die barocke Stadtkirche St. Jakob, die auch „Dom des Isarwinkels“ genannt wird. Im Kirchenschiff scheint jeder Lenggrieser seinen Stammplatz zu haben, fein säuberlich hat man die Bänke mit kleinen Namenstafeln versehen, die Frauen links, die Männer rechts. Zu Herzen gehen die Wünsche und Danksagungen, welche die

Gläubigen in ein dickes Buch eingetragen haben. Es fällt auf, dass die meisten Gedanken um Krankheit und Gesundung kreisen oder an einen verstorbenen Angehörigen erinnern. Welche Bitte wir nicht finden: Trost und Hilfe bei Liebeskummer. Offensichtlich traut man den himmlischen Mächten auf diesem Gebiet nicht mehr viel zu. Oder die Menschen schämen sich, einen solchen Wunsch öffentlich zu äußern. Krankheit und Tod sind kein Tabu mehr, wohl aber das Herzeleid des Liebenden.

Was gibt es sonst noch in Lenggries? Ein Schloss und eine Burg, beide tragen den Namen Hohenburg. Das Schloss mit schönem Barockgarten ist intakt, aber nicht zu besichtigen, die Burg ist zu besichtigen, aber nicht mehr intakt.

Sehenswerter ist einer der letzten freistehenden Kalköfen des Isarwinkels. Um ihn zu besichtigen, muss man die Isar queren. Kalk zu brennen war einst eine lukrative Kunst. Aber mühsam war's, die Steine dafür zu bekommen. „Stoaweiber" haben sie im Kiesbett der Isar gesammelt, eine Knochenarbeit. Große Mengen an Brennholz brauchte

Personalisierte Kirchenbänke in St. Jakob, Lenggries

man, um die Öfen zu befeuern, so viel, dass es zu massiven Beschwerden kam, weil im oberen Isartal der Kahlschlag drohte. Die Zahl der Öfen musste begrenzt werden. Vor dem begehbaren Ofen steht im Schatten eines Baumes eine Sitzgruppe aus Holz. Auf der einen Seite sitzt eine resolute Dame, ihr gegenüber drei dunkelhäutige junge Männer. Diesmal scheint es sich mit Sicherheit um Asylbewerber zu handeln, denn die Dame erteilt ihnen Deutschunterricht: „Das Floß." – „Das Floß!" – „Die Flöße." – „Die Flöße!" – Der Chor der drei jungen Männer klingt nicht schlecht. Nur das Wort „Se-hens-wür-dig-keiten" bereitet ihnen noch Problem, weshalb die resolute Dame herzlich lachen muss.

Auch der Aufstieg zum Kalvarienberg lohnt sich. Die Nachbildung der Kreuzigungsszene stammt aus dem Jahr 1694; damit ist der Lenggrieser Kalvarienberg der älteste des Isartals. Um das Leiden Jesu nachzuvollziehen, bauten die frommen Leute einst Kreuzwege die Hügel hinauf. Zwei Kapellen bilden in Lenggries den Abschluss. Warum zwei? Hatte man sich zerstritten? Eine für die Herren, eine für die Damen? Manche Frage bleibt ein ewiges Rätsel.

Wo man den Kalk brannte: Kalkofen in Lenggries

Bad Tölz – Stadt und Fluss

gessen. Jedes Jahr wird in Tölz und anderen Orten an den vergeblichen Kampf erinnert, bei dem über 1000 Bauern fielen: die Sendlinger Mordweihnacht.

Das farbenfrohe Uferhaus ist das Marienstift, es wurde 1905 von Gabriel von Seidl neu gestaltet. Wir steigen vom Rad und schieben die prächtige Marktstraße hinauf. Beim Schlendern muss man aufpassen, nicht ins Stolpern zu geraten. Immer wieder wandert der Blick in die Höhe, staunt man über die Lüftlmalereien an den imposanten Fassaden. Tölz ist eindeutig die Hauptstadt des oberen Isartals. Weil der Fluss hier von einer alten Salzstraße gekreuzt wurde, entwickelte sich schon früh eine Siedlung, ein Markt, eine Stadt. Besonders verstanden sich die Tölzer auf die Kunst des Bierbrauens. Stolze 22 Brauereien hat es hier einmal gegeben, mit den Flößen, einer weiteren Tölzer Spezialität, wurden die Fässer bis ins durstige München geschafft.

Schöner noch müssen die Flöße ausgesehen haben, wenn auf ihnen die „Kisten" transportiert worden sind, hübsche Bauernmöbel, kunstvoll bemalt. Auch hierin waren die Tölzer Meister. Im Stadtmuseum kann man sich von der Kunstfertigkeit der „Kistler" überzeugen. Die Tölzer scheinen unter einem veritablen Malzwang gelitten zu haben – als alle Hausfassaden bemalt waren, machte man bei den Möbeln weiter. Kaum eine buntere Stadt wird es in Deutschland gegeben haben.

Am oberen Ende der langen Marktstraße steht auf einem Podest ein bronzener Krieger. Doch – Nanu! – was hat man denn mit ihm gemacht? Er trägt das schwarz-gelbe Trikot von Borussia Dortmund. BVB-Fans im Herzen Bayerns? Seltsam!

Über die alte Salzstraße strampeln wir im kleinsten Gang bergauf, am alten Bahnhof vorbei und zweimal ums Eck, dann haben wir die stolze Villa gefunden, die wir suchten: das Haus von Thomas Mann, in dem einer der wohl berühmtesten Hunde der Literaturgeschichte gewohnt hat. Er ist ein echter Bad Tölzer und zugleich ein echter Promi unter den Vierbeinern. Zumindest ist uns kein weiterer Hund bekannt, dem solch ein inniges Denkmal gesetzt worden ist wie Bauschan in der Erzählung „Herr und Hund“. Allein die Beschreibung der allmorgendlichen Begrüßung durch den vierbeinigen Gefährten! So schreibt Thomas Mann: „Wenn ich mich umwende, sehe ich Bauschan in vollem Lauf um die rückwärtige Hausecke biegen und gerade auf mich zustürzen, als plane er, mich über den Haufen zu rennen. Vor Anstrengung schürzt er die Unterlippe ein wenig, so dass zwei, drei seiner unteren Vorderzähne entblößt sind und prächtig weiß in der frühen Sonne blitzen ... und nun beginnt er, einen wirren Begrüßungstanz um mich herum zu vollführen, bestehend aus Trampeln, maßlosem Wedeln, das sich nicht nur auf das hierzu bestimmte Ausdruckswerkzeug, des Schwanzes beschränkt, sondern den ganzen Hinterleib bis zu den Rippen in Mitleidenschaft zieht, ferner einem ringelnden Sichzusammenziehen seines Körpers sowie schnellenden, schleudernden Luftsprüngen nebst Drehungen um die eigene Achse ...“

Was für eine Freude! Und keinesfalls ausschließlich auf Bauschans Seite. Auch sein Herrchen scheint jede Begegnung aufs Neue genossen zu haben, sonst hätte er nicht mit so viel Liebe darüber schreiben können. Wie kam Thomas Mann an Bauschan? Durch seinen ersten Roman, die „Buddenbrooks“, berühmt geworden, ließ sich der Schriftsteller 1908 mit dem Vorschuss auf den Roman „Königliche Hoheit“

Die reich geschmückte Marktstraße in Tölz

diese hübsche Villa in Bad Tölz bauen, wo er mit seiner Familie die Jahre zuvor schon Sommerurlaube verbracht hatte. Alle liebten diesen Ort, besonders die Kinder. Als der Schottische Schäferhund Percy starb, beschloss man, sich nach einem neuen Hund umzusehen. Davon hörte Anastasia, die Wirtin eines Berggasthofes, zu dem man gerne Ausflüge unternahm. Eines Tages rief sie an, sie habe einen Hühnerhund in Pflege genommen, der gerade dem Welpenalter entwachsen sei. Das Hündchen stamme aus Huglfing, einem entlegenen Bauernhof, 20 km entfernt. Der Kleine sei genau das passende Tier für die Manns. Die Kinder drängten voller Vorfreude, und so zog man los. Welche Augen aber machte die Familie, als sie den jungen Hund unter dem Tisch erblickten!

„Er stand da auf hohen Knickbeinen, den Schwanz zwischen den Hinterschenkeln, die vier Füße nahe beieinander, den Rücken gekrümmt, und zitterte." Ein Bild des Jammers! Völlig abgemagert war der Kleine, nur Haut und Knochen, zerzaust und verschüchtert. Thomas Mann blickte skeptisch, aber die Kinder jubelten. Das gab den Ausschlag. Für zehn Mark kaufte man das bedauernswerte Tier.

Der Beginn einer wunderbaren Freundschaft war gemacht. Man päppelte Bauschan auf und jeder glaubte, der Hund habe sich schon an seine neue Familie gewöhnt, als er den Kindern beim Spiel im Garten plötzlich davonlief. Jede Suche blieb vergeblich und die Trauer war groß. Zwei Tage später dann die glückliche Nachricht: Bauschan war wieder aufgetaucht. Der junge Hund hatte es tatsächlich geschafft, seine Hundemutter wiederzufinden. Über 20 km war er gelaufen, die Berge hinauf, bis zum einsamen Bauernhof zurück nach Huglfing. Was für ein Jubel, als der junge Rumtreiber wieder bei den Manns eintraf! Selbst Bauschan schien sich darüber zu freuen, was Thomas Mann zu der Frage veranlasste, warum er denn dann eigentlich weggelaufen sei?

Kaspar III. Winzerer – auch ein Fußballheld?

Der „Zauberer" und seine Familie in Tölz

Sohn Klaus Mann sagte später: „Wenn ich an Kindheit denke, denke ich an Bad Tölz", und er beschreibt uns die Erinnerungen an sein Kindheitsparadies wie folgt: „Das Paradies hat einen bittersüßen Duft von Tannen, Himbeeren und Kräutern, vermischt mit dem charakteristischen Aroma des Mooses, das von der Sonne durchwärmt ist, der großen mächtigen Sonne eines Sommertags in Bad Tölz. Die Lichtung, wo wir den Morgen mit Beerenpflücken verbringen, liegt mitten im

Die Villa von Thomas Mann am Höhenberg

Das Bad Tölzer Kurhaus

Wald, der gleich hinter unserem Haus beginnt. Gibt es irgendwo auf der Welt noch andere Wälder, die sich mit unserem vergleichen ließen? Gewiss nicht, denn unser Wald ist durchaus einzigartig."

Was spielten die Kinder am liebsten? Vielleicht das Gro-Schi-Spiel: Das Haus verwandelte sich dabei in einen Ozeandampfer, der Garten in das Meer. Als reiche Passagiere fuhren die Kinder um die Welt, gingen in exotischen Häfen vor Anker. Nur vor dem Kapitän hatte man Respekt, bei seiner wichtigen Arbeit durfte er nicht gestört werden, sonst gab's Ärger. Der Kapitän war natürlich der Vater, Thomas Mann.

Als der Erste Weltkrieg ausbrach, den Thomas Mann noch mit erhabenen Gefühlen begrüßt hatte, wurden die Tage in Tölz bedrückter. Eine schlimme Hungerszeit begann, erinnerte sich Golo Mann. Mutter Katia steckte die Kinder in abgetragene Leinenkittel und zog mit ihnen über Land, um bei mitleidigen Bauersfrauen zu betteln. Dann musste der Landsitz verkauft werden. Man benötigte das Geld dringend, um das entstehende Münchner Haus zu bezahlen, in das die Familie noch im selben Jahr einzog.

Was sind in dieser Tölzer Villa alles für wunderbare Werke entstanden! An den „Bekenntnissen der Hochstaplers Felix Krull" begann Thomas Mann zu schreiben, nach einer Italienreise verfasste er die Novelle „Tod in Venedig", große Teile des „Zauberbergs" schrieb er hier nieder, inspiriert durch Eindrücke in Davos, wohin seine Frau Katia zur Kur hatte reisen müssen. Wir schauen durch die Hecke in den Garten hinein. Wo mag „der Zauberer" am liebsten gearbeitet haben? Nicht an einem Gartentisch, nicht im Freien. Thomas Mann brauchte beim Schreiben immer ein Dach über dem Kopf, sonst hätten sich seine Gedanken zu leicht verflüchtigt. Eine überdachte Veranda, das war das Mindeste. Die vielleicht düsterste Stunde in dem freundlichen Landhaus? Als er die Nachricht vom Tode seiner Schwester Carla erhielt, sie hatte sich das Leben genommen.

Auf dem Rückweg zur Stadt hinunter kommen wir an dem Klammerweiher vorbei, der auf die Kinder Thomas Manns eine besondere Anziehung ausgeübt hat. Am Ufer steht ein Automat, bei dem Hundebesitzer spezielle Entsorgungstüten ziehen können. Ob der große Schriftsteller sich auch daran beteiligt hätte? Wenn ja, hätte er „Herr und Hund“ sicherlich um ein weiteres amüsantes Kapitel bereichert.

Wir sausen, die Hände dicht bei den Bremsen, zur Stadt, zur Isar hinunter, queren erneut die Stadtbrücke und gelangen in das Kurviertel. Einen touristischen Schub hatte Tölz erhalten, als man in der ersten Hälfte des 19. Jhs. jodhaltige Quellen entdeckte. Schmucke Kurhäuser und Villen für die Badegäste wurden gebaut und gaben dem Ort ein neues Gesicht, der 1899 offiziell zum Bad erhoben wurde. Jodhaltiges Wasser ist in Bayern eine Seltenheit und deshalb kostbar. Unter dem „bayerischen Sportabzeichen“ verstand man daher lange Zeit den jodmangelbedingten mächtigen Kropf vieler Einheimischer, der vom Hals bis auf die Brust baumeln konnte. Verzweifelt versuchten die bayerischen Schilddrüsen den Mangel durch übertriebenes Wachstum zu kompensieren. Durch das neue Tölzer Wasser ging's den Kröpfen nun an den Kragen.

Besonders anmutig ist das von Gabriel von Seidl gebaute Kurhaus, bei dessen Einweihung Thomas Mann noch dabei gewesen ist. Die Wandelhalle hingegen scheint dringend renovierungsbedürftig. Gegenüber der Tourist-Info steht ein neuer Brunnen. Gestalten aus Edelrost erinnern an den „Bullen von Tölz“, eine beliebte Fernsehserie. Unverkennbar der Scherenschnitt von Ottfried Fischer, auf dem stattlichen Bauch das Zitat: „Außer mir verdächtige i grundsätzlich erstmoi jeden.“ Recht hat er, der Herr Kommissar. Nur nicht auf einem Auge blind werden.

Nun geht's wieder zur Isar hinunter. Schön sind die Auen angelegt, zahlreiche Menschen nutzen das sommerliche Wetter, um an den Gestaden zu lustwandeln oder auf den Kiesbänken zu liegen. Oder den Hund auszuführen, wie weiland Thomas Mann seinen Bauschan.

Am 30. Mai 1905 sorgte am Tölzer Isarstrand ein junger Student aus München für Aufmerksamkeit. Im Völkerkundemuseum hatte Alfred Heurich ein Kajak der Inuit gesehen, das man zerlegen konnte. Für 30 Mark kaufte er sich Materialien und fing an zu basteln: Das moderne Faltboot war erfunden. Mit dem 4,50 m langen Kajak kam er heil in München an. Bald setzte eine regelrechte Faltbootmanie ein. Sonderzüge der Reichsbahn brachten junge Wandervögel nach Tölz, wo sie mit ihren zweirädrigen Handwagen zur Isar zogen. Am Ufer bauten sie ihre Faltboote zusammen und aus den Wandervögeln wurden lustige Wasservögel.

Kurz hinter Bad Tölz der nächste Stausee. Große Teile der Isarauen nördlich von Tölz bis hin nach Schäftlarn sind Naturschutzgebiete. Wege und Straßen nehmen Rücksicht darauf und halten sich respektvoll zurück, drängen nicht ans Isarufer. Etwas von der Isar ab führt nun der Radweg, hinein in hügeliges Gelände mit schönen alten Bauernhäusern. Plötzlich jedoch schmiegt sich der Weg wieder an den Fluss heran.

Der Malerwinkel

Eine wahrhaft idyllische Gegend nahe Königsdorf ist der Malerwinkel. Der Name hat seine Berechtigung. Welche Maler sich allerdings für den romantischen Zusammenfluss von Rottach und Isar begeistern ließen, das verrät uns das Schild nicht, das der Isartalverein hier aufgestellt hat. Dafür erfahren wir von einer einzigartigen Leistung der Isar: Früher bog sie bei Tölz nach Süden ab und floss im Schatten der Alpen dem Inn entgegen. Vor etwa 15.000 Jahren aber, gegen Ende der Würmeiszeit, durchbrach sie den Moränenrücken am Malerwinkel und ergoss sich in den damals vorhandenen Wolfratshauser See, um sich dann weiter nach Norden zu wühlen, nach München, und den gigantisch großen See dabei auslaufen zu lassen. Flüsse folgen nicht nur der Landschaft, sie schaffen sich ihre eigenen Landschaften, befinden sich mit ihr in einem steten Wechselspiel.

Nicht verwechselt werden darf die Rottach vom Malerwinkel mit ihren gleichnamigen Schwestern. „Ach“ bezeichnet einen Bach. Rötlich gefärbte Bäche, „Rottachs“, gibt es im Voralpenland einige. Unsere Rottach ist einem moorigen Tal bei Rothenrain entsprungen, daher die Färbung.

Die Isar bei Bad Tölz

Wenig später erreichen wir einen Ort, der uns so gar nicht in das Voralpenland hineinzupassen scheint: Geretsried.

Geretsried

Von der ursprünglichen Ortschaft, die sicher an die 1000 Jahre alt ist, ist heute nichts mehr zu sehen. Industrie und Moderne haben ihr Gesicht verändert. Das Städtchen Geretsried wurde von den Nazis zum Sprengmeister des Reiches bestimmt. Zwei große Rüstungswerke, die „Dynamit Aktien Gesellschaft" und die „Deutsche Sprengchemie", beschäftigten ab den 1930er-Jahren Tausende von Arbeitern, um tödliche Waffen herzustellen. Eisenbahnschienen wurden verlegt, große Fabrikhallen errichtet, gut getarnt, Wohnungen für die Arbeiter geschaffen. Mit dem ausbrechenden Krieg wurden zunehmend Frauen eingesetzt und bald viele Zwangsarbeiter, Gefangene aus den besetzten Gebieten. Wie mag es ihnen ergangen sein? Wie muss es sich angefühlt haben, in der feindlichen Fremde Dynamit und Granaten herzustellen, mit denen die eigenen Landsleute dann in die Luft gesprengt wurden,

Blick auf den Tölzer Kalvarienberg

die eigenen Familien? Menschen zu zwingen, daran mitzuwirken, ihre eigenen Verwandten zu töten – welch unglaublicher Zynismus.

Nach dem Krieg quartierte man in den Barackenlagern Flüchtlinge aus den Ostgebieten ein, die meisten kamen aus dem Sudentenland, fanden in Geretsried eine neue Arbeit, eine neue Zukunft. Ein modernes Museum erinnert an die bewegte Geschichte, auch zahlreiche illustrierte Tafeln, aufgestellt an historischen Orten. Am besten gefiel uns der Hinweis auf eine Fabrik, in der in der Nachkriegszeit Fertigteile aus Beton hergestellt worden sind, um den Wiederaufbau zu beschleunigen, das Filigranwerk. „Der erste Vollautomat der Welt", so die Hinweistafel, wurde von dem jungen deutschen Ingenieur Stefan Keller entwickelt, vielfach wurde das Verfahren auf der Welt kopiert. So hat Geretsried nicht am Untergang der Welt seinen Anteil, sondern auch an ihrem Wiederaufbau. Kann man sich eine bessere Rehabilitierung denken?

Wir verlassen Geretsried. Über beschauliche Vorortwege geht's in ein Waldstück hinein. Nicht lange, und wir erreichen den Loisach-Isar-

Flussabwärts von Geretsried nahe der Pupplinger Au

Kanal, der seine Wasser tosend in die Isar gießt. Warum hatte man diesen Kanal gegraben? Ein großer Teil des Isarwassers, das man ja seit 1924 bei Krün abzweigt und zum Walchensee schickt, um die großen Turbinen anzutreiben, gelangte plötzlich über den Kochelsee in die Loisach und ließ sie kräftig anschwellen. Öfters haben die Wolfratshausener deswegen nasse Füße bekommen. Sie beschwerten sich und bekamen zur Entlastung den Loisach-Isar-Kanal, welcher der Isar das gestohlene Wasser wieder zuführt, bevor es Wolfratshausen erreicht. Nun ist die Isar wieder komplett und man gewinnt eine Vorstellung, wie mächtig früher der gesamte Oberlauf gewesen sein muss.

Wir bleiben ein Weilchen am Ort des Zusammenflusses sitzen. Ganz in der Nähe hat sich eine ergreifende Geschichte abgespielt, ein Drama um einen Dichter, der zu Unrecht in Vergessenheit geraten ist.

Das verbotene Buch

Frühmorgens im Isartal. Gelassen klingt die Christkönigglocke, hell und freundlich sendet sie ihren Morgengruß über Dorf und Felder. Das Geläut des schlanken Kirchturms von St. Michael klingt hinaus über das Tal, über dem noch der Morgendunst steht. Da drüben liegt Wolfratshausen und hinten am Horizont ragen die hohen Berge in den Sommerhimmel: „Wenn nichts auf dieser Erde bliebe, so bleibt mein Klang an jedem Ort. Ich rufe Liebe, Liebe, Liebe als Gottes erst' und letztes Wort."

Wie ein Dieb schleicht er sich hinaus. Dunkel ist es, eine sternenlose Nacht. Er schleicht hinaus über die herbstlich feuchte Wiese. Ihn fröstelt. Es ist kalt. Am Ende des Grundstücks legt er ein Päckchen neben sich ins Gras und beginnt: Mit festen Spatenstichen hebt er die Erde aus, häufelt sie rechts neben sich zu einem kleinen Hügel. Er legt das Päckchen in das dunkle Loch hinein. Wie lange wird es dort liegen müssen? 1000 Jahre, wie die neuen Herrscher meinen? Ein Begräbnis, denkt der Dichter, als er mit der Schaufel die Erde wieder festklopft. Schnell geht er zu seinem Haus zurück, das er 1936 nach eigenen Plänen bauen ließ, oberhalb von Wolfratshausen. Er hat sich immer zurückgesehnt nach den Wäldern und den Seen. Nun wohnt er hier im Voralpenland. Der Erfolg seiner Bücher erlaubt ihm ein Leben ohne die Pflichten und Lasten eines Brotberufes. Er braucht diese Kulisse, braucht die mächtige Ruhe der Landschaft, braucht den makellosen Himmel über sich. Darin spielen seine Geschichten, davon handeln seine Bücher und die Menschen lieben sie sehr.

Sein ganzer Erfolg, seine ganze Popularität, was haben sie ihm geholfen? Vielleicht ist er einfach zu naiv gewesen, hat sich zu sicher gefühlt, hat geglaubt, sein Ruhm würde ihn schützen, ihn unangreifbar machen. Was für ein Irrtum! Die Nazis waren gerade ein halbes Jahr an der Macht, als er im Juni 1933 nach München gefahren ist, um dort im großen Hörsaal der Universität einen Vortrag zu halten.

Mit leisen Worten hatte er seinen Besorgnissen Ausdruck verliehen, hatte die Propagandamethoden der neuen Herrscher kritisiert, ihre Fackelzugpolitik angeprangert. Zwei Jahre später hat er seine zweite große Rede gehalten, wieder in dem großen Hörsaal. Dieses Mal wurde er noch deutlicher, wurde sein Pessimismus für alle spürbar. Viele seiner Zuhörer sind sehr nachdenklich geworden bei seinen Worten, nicht wenige aber nahmen sie ihm übel. Die Partei reagierte rasch. Von da an stand er unter Beobachtung. Zurückgezogen blieb er weiter auf seinem Hof wohnen. Und doch registrierte er aufmerksam und mit wachsender Sorge die Zeichen der Zeit. Im Frühjahr 1938 empfängt er dann eine Nachricht, die ihn endgültig aufschrecken lässt. Das darf nicht wahr sein! Nicht Niemöller, nicht diesen ehrlichen Gottesmann! Sie haben es tatsächlich gewagt, ihn festzunehmen, seiner Familie zu entreißen und ins KZ zu stecken. Ohne vernünftigen Grund und ohne jeden fairen Prozess! Wiechert kennt ihn nicht persönlich und doch ist er ihm nahe wie kaum einem Freund. Nun darf er nicht länger zuschauen. Er setzt sich an seine Schreibmaschine und schreibt einen Brief an die zuständige Parteibehörde: Lasst Martin Niemöller frei!

6. Mai 1938. Ein Auto fährt vor dem Haus vor. Drei Uniformierte springen heraus, hämmern heftig gegen die Tür. Ernst Wiechert wird verhaftet. Die Anklage lautet: staatsfeindliche Gesinnung und Erregung öffentlicher Unruhe gegen Partei und Staat. Man bringt ihn zusammen mit anderen nach Buchenwald. Die Leute hier nennen es nur den Totenwald. Die Kleidung nimmt man ihnen ab und gibt ihnen Sträflingskleider.

Und doch, selbst in diese Hölle wird ihm ein Engel geschickt, ein Engel, der selbst nicht an Gott glaubt. Ein Kommunist, ein politischer Gefangener. Josef heißt er, ein Mann mit einem mächtigen runden Schädel und den Schultern eines Riesen. Er ist seit Jahren in den verschiedensten Lagern gewesen, kennt die Menschen und Gesetze hier. Ohne ein Wort zu sprechen, geht eine tröstende und aufrechte Ruhe von ihm aus, eine gelassene Selbstverständlichkeit. Er wird Ernst Wiechert zum Felsen, zum Halt, an den er sich klammert, der ihm hilft, die ganze Unmenschlichkeit hier zu überleben. Ohne lange zu fragen, nimmt er dem erschöpften Dichter den schweren Stein von der Schulter, schleppt ihn für ihn.

Nach Wochen des schwersten Leides und der tiefsten Erniedrigungen öffnet sich überraschend das Tor. Man lässt Wiechert frei. Als gebrochener Mann kehrt er auf seinen Hof zurück. Arbeiten darf er nicht mehr. Schreibverbot. Und doch schreibt er heimlich weiter, schreibt sich von der Seele, was er erleben musste, schreibt ein Buch über Buchenwald, über das, was er dort gesehen hat. „Der Totenwald". Als das Buch fertig ist, sucht er nach einer passenden Folie und wickelt die Blätter ein. Sie werden das Buch nicht finden.

Der Dichter Ernst Wiechert. – Fotografie, 1949

Mittag über dem Isartal. Drückend lastet die Schwüle über den erntereifen Feldern. In der Ferne beginnt sich der Himmel zu verfinstern. Auch der Pfarrer von St. Michael sieht das Unwetter aufziehen. Rasch läuft er hinüber zur Kirche und läutet die kleinere der drei Glocken, die Schutzengelglocke. Gellend schallt es über das ausgetrocknete Land: „Ich hüte den Hof, ich segne die Saat, ich heile das Herz."

Frühling 1945. Der Krieg ist vorbei. Die Amerikaner sind in Bayern. Ernst Wiechert beginnt zu graben. Nicht lange, dann hält er es wieder in den Händen, das kleine Paket. Das Manuskript passiert die Zensur der Amerikaner, wird zum Druck zugelassen. Als das Buch erscheint, erreichen Wiechert viele böse Briefe. Wie er so etwas schreiben kann? Wie kann er Kommunisten verteidigen? Ist er jetzt etwa selbst ein Kommunist geworden? Nochmals hält er in München eine Rede, diesmal im Schauspielhaus. Wieder gibt es böse Briefe, viele Zeitschriften verunglimpfen ihn. Im Namen der deutschen Jugend erklärt man ihm, er sei nur noch ein weinerlicher alter Mann, der ein für alle Mal aus der Mode gekommen sei.

Wiechert hält es nicht mehr aus. Er emigriert. Jetzt, wo Deutschland befreit ist, emigriert er, kehrt Deutschland den Rücken, geht in die Schweiz. Zuvor aber stiftet er für die Dorfkirche Sankt Michael noch drei neue Glocken, die alten hatte man für den Krieg eingeschmolzen. Auf Bitte des Dorfpfarrers dichtet er die Glockensprüche, die mit hineingegossen werden.

Abend über dem Isartal. Von den Bergen kommend zieht der Steinadler im weiten Bogen über den verglühenden Himmel. In die Abendstille hinein beginnt die dritte Glocke den Angelussegen anzustimmen. Sanft und friedlich schallt es über Berg und Tal: „Ich schlage Stunden, Tage, Jahre, der Herzen Lust, der Herzen Leid; ich segne Wiege, Kranz und Bahre, ich knüpfe Zeit an Ewigkeit."

Wolfratshausen

Um in das Zentrum von Wolfratshausen zu kommen, muss man eine vielbefahrene Bundesstraße entlang, was das Fahrvergnügen schmälert. Der alte Kern aber lohnt den Umweg, und an der Loisach findet sich eine schmucke Parkanlage mit einem der schönsten Maibäume des Isartals und lauschigen Bänken zum Verweilen.

Wolfratshausen ist keineswegs die unbedeutendste unter den deutschen Städten. Im Gegenteil: Hier wurde ein wichtiges Stück deutscher Zeitgeschichte geschrieben.

Das Wolfratshauser Frühstück

Wer sollte es machen? Wer sollte ihn herausfordern, Gerhard Schröder, den Kanzler mit der ruhigen Hand? Wer sollte gegen den Politprofi kandidieren? Zwei Namen, die immer wieder fielen: Angela Merkel und Edmund Stoiber. Die CDU-Vorsitzende hatte bereits 2001 öffentlich kundgetan: „Ich habe ganz klare Vorstellungen, wie ich als Bundeskanzlerin in diesem Lande, mit anderen zusammen, vieles besser machen könnte." Aber würde sie als Kandidatin eine Chance haben?

War die von Schröder geführte rot-grüne Regierung nicht ein zu harter Brocken? Waren die Wähler schon bereit, eine Frau in dieses hohe Amt zu hieven? Selbst in der eigenen Partei gab es viele Skeptiker. Kaum ein CDU-Mann aber traute sich, das öffentlich zu sagen, geschweige denn, gegen sie anzutreten. Es gab nur eine echte Alternative: einen Kandidaten von der CSU. Der bayerische Ministerpräsident Stoiber hatte erfolgreich Wahlen gewonnen, Bayern stand als Musterland da. Und er hatte Ambitionen, die über den Weißwurstäquator hinausgingen. Das Jahr 2002 hatte begonnen, im Herbst würde gewählt werden, eine Entscheidung musste her. Die K-Frage begann zu knistern.

6. Januar. In einem Interview mit der „Welt am Sonntag" erklärt Merkel: „Ich bin bereit zu einer Kanzlerkandidatur." Ein starkes Signal. Nicht nur an die Öffentlichkeit, mehr noch an die eigenen Leute, an Männer wie Erwin Teufel oder Peter Müller, die Zweifel streuten. Als Stoiber die Worte seiner Konkurrentin las, war ihm klar: Jetzt musst auch du dich erklären! Ein falsches Zaudern und er konnte seine Pläne vergessen. Und so ging er gleichfalls in die Offensive: „Wenn es von beiden Parteien gewünscht wird, bin ich bereit, mich in den Dienst der gemeinsamen Sache stellen zu lassen." Die Medien waren begeistert. Ein echter Zweikampf! Wer würde siegen? CDU oder CSU? Nord oder Süd? Frau oder Mann? Würde sich die Union entzweien, würde eine Schlammschlacht beginnen? Wer besaß die besseren Nerven?

Eifrig wurden die Strippen gezogen, hinter den Kulissen natürlich. Am Dienstag kam die CSU-Landesgruppe zur Klausurtagung in Wildbad Kreuth zusammen und bat die große Schwesterpartei dringend darum, ihren Stoiber zum Kanzlerkandidaten auszurufen. Am Donnerstag klingelte in der Münchner Staatskanzlei das Telefon. Merkel war dran, mochte Stoiber sprechen. Als das Gespräch endete, war der sich nicht sicher, ob er sie richtig verstanden hatte. Will sie nun weiter kandidieren oder will sie verzichten? Um sich zu vergewissern, griff er erneut zum Hörer. Man verabredete sich zu einem Treffen. Weil die Zeit drängte und Stoiber in München unabkömmlich war, lud er seine Konkurrentin nach Bayern ein, schlug einen ungewöhnlichen Treffpunkt vor.

Freitag, 11. Januar, acht Uhr morgens. Im Haus Stoiber in Wolfratshausen saß ein weitgereister Gast am Frühstückstisch: Angela Merkel. Offen und selbstbewusst erklärte sie, dass sie sich die Kandidatur weiter zutraue, ja, dass sie glaube, mit ihrem Politikstil und ihrer Biografie der Bundespolitik neue Facetten geben zu können. Weil sie aber zugleich erkenne, dass dem erfolgreichen Bayern auch in ihrer eigenen Partei viel zugetraut würde, verzichte sie zu seinen Gunsten.

Ob Stoiber darauf zum Kühlschrank gerannt ist, um eine Flasche Sekt zu holen? Er selbst bestreitet das. Immer wieder wurde er gefragt, was es denn zum Wolfratshauser Frühstück gegeben habe. Gemeinsam mit seiner Frau rekonstruierte er die berühmteste Mahlzeit der jüngsten Politikgeschichte. Es habe wohl, wenn er sich recht erinnere, frische Semmeln, Butter, Marmelade, Honig sowie etwas Käse und Wurst gegeben. Alles andere hätte jeden Stoiber-Kenner vermutlich auch überrascht. Nur das deutsche Frühstücksei hätte nicht fehlen dürfen! Merkel jedoch schien nichts vermisst zu haben. Zu Stoibers 70. Geburtstag gratulierte sie mit folgenden Worten: „Lieber Edmund, ich glaube, wir haben dem deutschen Frühstück mit unserem Frühstück in Wolfratshausen wieder zu mehr Achtung und Anerkennung verholfen – nicht dass das irgendwie in Vergessenheit gerät. Es war übrigens super, liebe Karin!"

Wer ist der eigentliche Sieger dieses Frühstücks gewesen? Das Resultat ist ja bestens bekannt: Stoiber wurde zum kürzesten Kanzler der Republik gekürt. Ganze fünf Minuten ließ er sich in der Wahlnacht feiern – an der Seite von Merkel. Dann drehten die Umfragen und Schröder machte das Rennen. Bereits drei Jahre später aber wurde neu gewählt, Kanzler Schröder hatte durch ein Misstrauensvotum gegen sich selbst Neuwahlen erzwungen. Diesmal gewann die Union. Mit Angela Merkel als Kandidatin.

Manchmal wird eine Wahl vom Wetter entschieden. In den Wochen vor der Wahl 2002 hatte es geregnet ohne Ende, die Elbe war über die Ufer getreten, mit schlimmen Folgen für die Anwohner. Schröder hatte die Gelegenheit genutzt, sich hemdsärmelig und in

Uferziegen, wohlbeschirmt

Gummistiefeln vor den Kameras zu präsentieren, während oben am Himmel Stoiber sinnlos herumhubschraubte. Wäre statt der Elbe die Isar übergelaufen, dann wäre er es vielleicht gewesen, der mit einem entschlossen geworfenen Sandsäckchen das letzte noch fehlende Prozentpünktchen errungen hätte. So geht Politik. Zur wahren Frühstückskönigin wurde deshalb Angela Merkel. Auch ohne Frühstücksei.

Doch nun wieder hinunter zur Isar! Nahe einer großen Brücke warten große Stämme darauf, zu Wasser gelassen zu werden. Hier ist der Startplatz für die Gaudi-Flöße, die bis nach München hinuntertreiben. Heute aber scheint Ruhetag zu sein, kein Flößer lädt uns zu einer Isarfahrt ein, so dass uns nichts anderes übrigbleibt, als weiterzustrampeln. Die Isar mit dem Floß zu bereisen hätte uns gelockt. Ob wir aber unsere Räder hätten mitnehmen dürfen?

Hinter dem Dorf Puppling hat man zwei Ziegenböcken jeweils einen Sonnenschirm aufgespannt; die beiden ziehen es aber vor, auf dem Felsen herumzuklettern. Nun geht's hinein in die Pupplinger Au. Kiefern, Fichten, Weißerlen und Weiden bilden einen dichten Wald, unberührte Natur. Diese Gegend nördlich von Wolfratshausen ist eine der schönsten Landschaften des Isartals. Ranger geben auf das Naturschutzgebiet acht, passen auf, dass kein Badegast die Kies-

Die spätbarocke Klosterkirche von Schäftlarn

inseln betritt, nicht jetzt im Frühsommer, wo hier die seltene Flussseeschwalbe – Welcher andere Vogel kann schon ein dreifaches S aufweisen? – brütet, gut versteckt zwischen Tamarisken, Wacholder und Silberwurz. Hinter den Bäumen muss sich irgendwo die Loisach in die Isar ergießen. Auch ohne das geliehene Isarwasser war die Loisach schon ein stolzes Gewässer, das von Flößen ab Garmisch befahren werden konnte. Gemeinsam bilden die beiden Schwestern nun einen stattlichen Fluss. Zu stattlich, haben sich die Menschen gedacht und teilten die Isar 1 km später schon wieder auf, indem sie einen begleitenden Kanal ins Tal gruben, den Mühltalkanal. Bei Icking wurde hierzu ein großes Wehr gebaut. Die Flöße, die es über einen eigenen Bypass umfahren, nutzen den Kanal als gebändigte Wegstrecke. Auch der Energieerzeugung dient der Kanal. Und natürlich den Radlern, die von seinem Deich eine hübsche Aussicht genießen.

Nahe einer Streusiedlung dümpeln zahlreiche Fischteiche am Wege. Was aber ist im letzten Teich los? In elegantem Bogen sieht man Forellen aus dem Wasser springen und im Flug Mücken oder Fliegen fangen. Wir versuchen, den Sprung der Fische zu fotografieren, aber so schnell kann man gar nicht abdrücken. Nur das spritzende Wasser beim Eintauchen ist auf den Aufnahmen zu sehen. Ein stattlicher Fisch, so eine Forelle.

Aufpassen beim Weiterradeln! Nicht den Abzweig zum Kloster Schäftlarn versäumen, gute 2 km hinter den Fischteichen. Das alte Kloster liegt auf der westlichen Isarseite, eine schöne alte Allee führt uns hinauf zum Klosterberg.

Kloster Schäftlarn

Welch majestätische Schönheit, welch große Geschichte! Die Klosteranlage Schäftlarn wurde 762 von Waltrich, einem fränkischen Benediktiner, gegründet, 1707 wurde der heutige Klosterbau fertiggestellt. Besonders die Klosterkirche St. Dionys, eine der schönsten Rokokokirchen Bayerns, lockt viele Besucher. 1733 hatte der Abt Hermann Josef Frey die gotische Vorläuferkirche abreißen lassen. Für den Neubau wurde ein ganz besonderer Architekt verpflichtet, den wir unbedingt vorstellen müssen: François de Cuvilliés.

Der Zwerg, der ein Riese war

Hofzwerg, ein ausgestorbener Beruf. Einer der letzten von ihnen am bayerischen Fürstenhof war ein junger Wallone, François de Cuvilliés mit Namen. Wahrscheinlich im Jahr 1695 geboren, gelangte der kleinwüchsige Junge mit elf Jahren in den Dienst von Max Emanuel. Der Fürst erkannte schnell, dass es eine Sünde war, dem Jungen nur das lächerliche Amt des Hofzwerges zuzutrauen. Der helle Bursche bekam eine profunde Ausbildung und wurde nach Paris geschickt, um dort, im Zentrum der Moderne, die Baukunst zu studieren. Die Investition sollte sich lohnen. Cuvilliés avancierte zum Stararchitekten. Aus dem Zwerg wurde ein Riese des Rokoko, der verspielten Tochter des Barock. Nur einige seiner wichtigsten Bauwerke seien hier aufgezählt: Falkenlust im Schlosspark von Brühl, Wilhelmsthal in Hessen, die Reichen Zimmer der Münchner Residenz und natürlich das nach Cuvilliés benannte Rokoko-Theater daselbst.

„Er ist sehr klein, aber in guten Verhältnissen gebaut; er ist weder schön noch hässlich, aber sehr mager und scheint keine gute Gesundheit zu besitzen. Er spricht nicht viel, was er aber spricht, ist wohl gesagt. Sein Wesen kann ich nicht beurteilen, aber es scheint mir nicht, als ob er prahle. Ich finde sein Wesen sehr sanft und gesetzt; hieran könnte sein Alter schuld sein, denn ich schätze ihn zwischen fünfzig und sechzig Jahren.“ So schildert uns eine Zeitgenossin den außergewöhnlichen Künstler. Cuvilliés’ vielleicht originellstes und gelungenstes architektonisches Werk steht im Schlosspark von Nymphenburg: die Amalienburg (s. S. 77). Hier beweist der große Baumeister, dass er sich von allen gängigen Konventionen befreit hat. Mit einem konvexen Herausschwingen der gartenseitigen, ehrenhofartig-konkaven Einziehung in der jenseitigen Mitte verleiht er dem Schlösschen eine heitere Leichtigkeit, die ihresgleichen sucht. Auch praktischen Sinn bewies der Flame: Für die Küche der Amalienburg konstruierte er einen Herd mit geschlossenem Feuerkasten und obenliegender, durchlöcherter Herdplatte, der erste seiner Art.

Auch die Schäftlarner Klosterkirche ist ein hoch originelles Werk. Allerdings konnte nicht der gesamte Plan Cuvilliés' verwirklicht werden, auf die Ausführung des Querhauses musste aus Kostengründen verzichtet werden. Ein Krieg war dazwischengekommen.

Streng genommen muss man von François Cuvilliés dem Älteren sprechen, denken wir uns beim Verlassen der Klosterkirche. Es gibt nämlich auch einen Jüngeren, einen seiner Söhne, ebenfalls ein erfolgreicher Baumeister.

Im Klosterrestaurant könnten wir einkehren, wir entscheiden uns jedoch für den schattigeren Gasthof an der alten Klostermühle, wo wir uns zum Rauschen der Isarwasser einen „Spargelsalat mit Käutervinaigrette und Serranoschinken auf Lollo rosso" schmecken lassen. Alle Speisen wurden mit Himalaja-Salz zu bereitet, informiert uns die Karte. Die modernen Salzstraßen gehen offenbar neue, eigene Wege: „Omm!"

Der Gasthof trägt von alters her den Namen „Brückenfischer". In der Klosterchronik wurde bereits im Jahr 800 eine Isarüberfahrt, also eine Fähre, erwähnt, um 1700 war man die nassen Füße leid und baute eine Brücke, deren Wächter zugleich die Fischereirechte übertragen bekam. Zusätzlich entstand eine Gastwirtschaft und damit der Name „Brückenfischer". Durch die Säkularisation in weltlichen Besitz gelangt, sorgte der fromme König Ludwig I. dafür, dass in Bayern wieder Klöster entstanden. Die Benediktiner bekamen nicht nur Schäftlarn zurück, auch der Gasthof „Brückenwirt" wurde ihnen wieder zugesprochen, den sie nun erfolgreich verpachten.

Klosterkirche Schäftlarn: Rokoko – oho!

Hinter dem Kloster liegt der Ort Hohenschäftlarn. In dem Dorf hat sich Anfang des 20. Jhs. eine wilde Geschichte zugetragen.

Jules und Jim

Einer der berühmtesten Streifen der Filmgeschichte, 1962 gedreht von François Truffaut, ist „Jules und Jim", eine Dreiecksgeschichte. Jules und Jim sind Freunde, die sich alles teilen, die Liebe zur Literatur und auch die Frauen. Bis sie Catherine kennenlernen. Diesmal will Jules nicht teilen, will Catherine für sich alleine, heiratet sie und zieht weg. Nach einigen Jahren jedoch erkaltet die Liebe, und als Jim wieder auftaucht, lässt Jules ihn in sein Haus. Bald leben sie ein Leben zu dritt. Zwischen Jim und Catherine entwickelt sich eine heftige Affäre, ein erotischer Kampf mit allen Formen der Leidenschaft und Eifersucht. Es geht nicht gut, man trennt sich wieder. Doch keiner der drei kommt über die gemeinsame Zeit hinweg. Als man sich nach Jahren zufällig wieder trifft und sich zu einem Ausflug verabredet, stürzt sich Catherine in den Tod und reißt Jim mit sich in den Abgrund.

Der Film basiert auf einer wahren Geschichte. Ort der Handlung ist ein unscheinbares Landhaus am Rande von Hohenschäftlarn, die „Villa Heimat“. 1919 mietet sich dort ein ungewöhnliches Paar ein, der Berliner Schriftsteller Franz Hessel mit seiner Frau Helen. Zusammen mit ihren beiden kleinen Söhnen wollen sie den Sommer auf dem Lande verbringen. Hessel hatte die Malerin in seinen Pariser Jahren kennengelernt, im berühmten Café du Dome. An diesem Treffpunkt der Bohemiens hatten sich die beiden mit dem französischen Schriftsteller Henri-Pierre Roché befreundet. Der besucht sie nun in ihrem Sommerhaus an der Isar. Helen wird später notieren: „Pierre und Helen auf der Matratze. In den Armen von Pierre. Wie Blut, das fließt. Erleichterung, Heiterkeit. Keine Sentimentalität. Das höchste Spiel. Ich helfe ihm schlecht.“ Das Experiment, das Leben zu dritt, aber geht nicht gut. Es kommt zur Krise. Franz und Helen lassen sich scheiden, heiraten später wieder. Der dritte im Bunde aber, Pierre, schreibt einen Roman über die merkwürdigen Verstrickungen: „Jules et Jim.“

Cuvilliés' Amalienburg in München

Das Leben endete für Hessel tragisch. Von jüdischer Herkunft musste er vor den Nazis fliehen, ging wieder nach Paris, musste erneut flüchten, als die Deutschen Frankreich besetzten, wurde gefangengenommen, erlitt im Lager einen Schlaganfall, an dessen Folgen er 1941 starb. Neben seinen eigenen Büchern hatte er sich durch Übersetzungen hervorgetan. Marcel Prousts Roman „Auf der Suche nach der verlorenen Zeit“, den Hessel zusammen mit Walter Benjamin ins Deutsche übertragen hatte, spiegelt vielleicht am schönsten die Stimmung wider, die auch Hessels eigene Romane auszeichnet: eine sanfte Melancholie, eine Sehnsucht nach dem Vergangenen.

Im Dorf, in Hohenschäftlarn, muss diese Beziehung Aufregung und Empörung hervorgerufen haben. Diese Künstler! Glauben, sich ihre eigene Moral schmieden zu können! Man kann sich lebhaft vorstellen, wie froh die braven Leute gewesen sind, als die Künstler wieder abzogen. Heutzutage würde das niemanden mehr jucken. So schnell ändern sich die Sitten.

Gestärkt brechen wir wieder auf. Gute Gasthäuser sind im Isartal wirklich reichlich vorhanden, großen Proviant braucht man nicht einzupacken. Alle paar Kilometer muss man mit sich kämpfen, nicht den Verlockungen einer erneuten Rast zu erliegen. Der gastlichen Stätten sind so viele, dass man ein eigenes Buch darüber schreiben könnte. Ein besonderes Gasthaus ist das Gasthaus zur Mühle, nicht weit von Schäftlarn entfernt. Hier gibt es eine Rutsche. Und was für eine! Die längste Floßrutsche Europas! Mit lautem Geschrei und viel Gespritze gleiten die Gaudi-Flöße das Gefälle hinunter, schön zu beobachten von dem schattigen Biergarten direkt an der Isar. Das Gasthaus zur Mühle rühmt sich, eines der letzten altbayerischen Wirtshäuser südlich von München zu sein. Urkundlich erwähnt wurde es bereits im Jahr 1007. Ob damals schon Flöße fuhren?

Belegt ist, dass die Flößerei spätestens im 12. Jh. rasanten Aufschwung genommen hat. Schuld daran waren die Wittelsbacher. Die bayerischen Herzöge wetteiferten mit dem Freisinger Bischof darum, wer wohl die schönste Stadt ans Isarufer setzte. Jede Menge Holz,

Steine und Kalk waren gefragt, und all das fand sich im bayerischen Oberland. Um ein Beispiel von den Dimensionen zu geben: Allein für die Errichtung des Dachstuhls der Münchner Frauenkirche mussten zwischen 1468 und 1488 ganze 147 schwerbeladene Flöße mit Bauholz auf die Reise geschickt werden. Herzog Albrecht IV. fürchtete gar um die Waldbestände von Tölz und erließ ein Gebot zur Schonung des Jungholzes. Ein früher „Grüner" also, dem nicht umsonst der Beiname „der Weise" verliehen wurde. Nachhaltigkeit war offenbar damals schon ein Thema.

Floßmeister war ein ehrbarer Beruf. Um Meister zu werden, musste man langjährige Berufserfahrung als Flößer aufweisen und verheiratet sein. Den Fahrkünsten von Junggesellen misstraute man offensichtlich. Auch musste man über genügend Besitz verfügen, eine Art private Gepäckversicherung, denn bei Unfällen musste der Flößer seine Kunden für den Verlust der Fracht entschädigen. Dafür war der Floßmeister vor übertriebener Konkurrenz gesichert. In Mittenwald war ihre Zahl auf 20, in Tölz auf 24, in Wolfratshausen auf sieben beschränkt. Bei der Landung, „der Länd", gingen den Floßmeistern gestellte Ländhüter zur Hand. Auch damals galt schon eine Promillegrenze – ein erkennbar angetrunkener Floßmeister lief Gefahr, seinen Job zu verlieren. Überhaupt gibt es manche Parallele zur Moderne: Wie es heute ein LKW-Verbot an Sonntagen gibt, so galt damals ein Floßverbot an Sonn- und Feiertagen. Der Floßmeister hatte zudem darauf zu achten, dass seine Helfer nicht den Biergarten, sondern den Gottesdienst besuchten. Wichtig außerdem: Ein Flößer musste gut zu Fuß sein. Waren Ladung und Floß am Zielort verkauft, ging es per pedes zurück Richtung Heimat, die prallgefüllte „Geldkatz" um den Bauch, den Floßhack geschultert. Das eiserne Werkzeug brauchte der Floßmeister nicht nur für die nächste Fahrt, für Waldarbeit, Floßbau und zum Steuern, sondern auch, um lästige Räuber auf Abstand zu halten, die es auf die Einnahmen abgesehen hatten.

Die modernen Floßmeister, allesamt Nachfahren alteingesessener Wolfratshausener Flößer, zerlegen heute ihr Floß in München und nehmen es wieder mit nach Hause. Mitte September gehen sie mit

Europas längste Floßrutsche am Kraftwerk Mühltal

Familien und Freunden auf „Eisfahrt“: Im geschmückten Floß wird das Ende der Saison begangen.

Heute ist der Gasthof geschlossen. Montags Ruhetag. Auch die Rutsche will niemand hinunter. Schade! Nun schwenkt der Weg vom Isarufer nach Osten und zwingt uns einen steilen Waldweg hinauf. Nach einigem anstrengenden Hin und Her erreichen wir die Anhöhe, auf der die Gemeinde Straßlach liegt. Von hier ist es nicht weit nach Grünwald. Wir aber beschließen, einen Umweg zurück zum Isarufer zu machen, wartet dort unten doch ein einzigartiger Felsen auf uns.

Obacht! Der Georgenstein!

Was die Loreley für den Rhein, das ist der Georgenstein für die Isar. Höchste Vorsicht ist angesagt, will man den Felsen umschiffen. Auch wenn auf ihm für gewöhnlich keine schöne Blondine durch Haarkämmerei dem Schiffer die Sinne verwirrt, so ist er doch eine große Herausforderung, die vielleicht gefährlichste Passage der ganzen Isar. 5 m ragt der schroffe Felsen aus dem Fluss, an manchen Stellen sogar senkrecht.

Einst lag er oben auf dem östlichen Isarhang, dann geriet er ins Rutschen und purzelte mitten ins Wasser. Das muss vielleicht einen Platsch gegeben haben! Fast 1000 t schwer schätzt man das Ungetüm. Die Römer sollen gejubelt haben, als sie den Stein erblickten. Flugs hätten sie ihn als Pfeiler für eine Isarbrücke benutzt, lief doch gerade hier der Salzweg von Salzburg nach Augsburg, welchen die Römer zur Via Julia ausbauten. Andere bestreiten die Brückenhypothese. Unbestritten aber ist, dass die Römer unweit von hier in Grünwald eine Schanze erbauten.

Unbestritten ebenfalls: Die Flößer hatten vor dem Georgenstein einen Heidenrespekt. Gefährliche Stromschnellen und Strömungen trieben ein unschuldiges Floß nicht selten auf den Felsen zu. So geschah es im Jahr 1805 auch dem Flößer Georg Müller. Als die Stämme am Felsen zerschellten und das Floß kenterte, rief er in seiner Not seinen Namenspatron an. Der hl. Georg, sonst für die Erlegung von Tatzelwürmern zuständig, half auch in diesem Falle: Der Flößer wurde gerettet und der Georgenstein erhielt seinen Namen. Als der Schiffbrüchige wieder trocken war, ließ er zu Ehren des hl. Georgs, seines Retters, ein Bild desselben auf dem Felsen anbringen. Um die Unfallgefahr zu senken, hat man zwischen dem östlichen Isarufer und dem Georgenstein einen künstlichen Damm aus rohen Felsbrocken zusammengefügt. Seitdem wird das Isarwasser sanfter um den Mörderfelsen herumgelenkt. Mutige Kraxler steigen heute noch gelegentlich auf den Georgenstein hinauf. Vorsicht, wenn eine Blondine dabei sein sollte, die sich die Haare strählt!

Gut, dass der hl. Georg gleich zur Stelle gewesen ist. Andere Flößer hätten wahrscheinlich den hl. Nikolaus angerufen, ist er doch der Schutzheilige der Flößer. Auch Johann Nepomuk hätte sich angeboten oder der hl. Christopherus, der Meister der trockenen Flussquerung.

Eine junge Mutter, die auf den Ufersteinen Platz genommen hat, scheint trotz all der hilfreichen Heiligen der Isarstelle zu misstrauen. Als sich ihre Kinder auf dem Kiesbett dem Felsen nähern, werden sie rasch zurückgerufen. Sicher ist sicher.

Auf dem anderen Ufer liegt Baierbrunn, eine kleine Gemeinde von gut 3000 Einwohnern. Ehemals soll sich über dem Isarufer die Burg Baierbrunn befunden haben. Man muss sie gründlich geschleift haben, nichts erinnert mehr an jene Zeiten. Der einflussreichste Baierbrunner der Neuzeit ist der 2014 verstorbene Rolf Becker gewesen. Zwar kennt ihn kaum jemand, doch jeder seine Zeitschrift, die in jeder Apotheke ausliegt: Die „Apotheken Umschau“. Ein seltsamer Name. Vielleicht war der Begriff „Umschau“ in den 1950er-Jahren geläufiger, als Becker die erste Heftnummer herausgab. Sein Geschäftsmodell ist raffiniert. Nicht der Kunde zahlt, sondern der Apotheker. Und natürlich die Anzeigenkunden. 93 Jahre ist der gebürtige Märker geworden, hat sich als Mäzen große Verdienste erworben. Und seine erfolgreiche Apothekenzeitschrift schaut sich weiter von Baierbrunn aus um.

Um nach Grünwald zu kommen, nutzen wir einen schmalen Trampelpfad in der Nähe des Ufers. Nur mühsam kommen wir voran. Sumpfige, feuchte Stellen hat man mit Stegen aus groben Boh-

Der Georgenstein bei Baiersbrunn

len überbrückt, gebrochene Äste versperren häufig den Weg und zwingen zum Ausweichen. Da heißt es absteigen, zumal kräftiges Wurzelwerk den Boden zerklüftet. Endlich aber ist Grünwald erreicht. Wieder geht es steil das Ufer hinauf, dann haben wir sie erreicht, die angeblich reichste Gemeinde Deutschlands. Nicht die modernen Villen aber interessieren uns, sondern nur die älteste von ihnen, die Grünwalder Burg.

Zu Grünwald drunt' im Isartal ...

„Zu Grünwald drunt' im Isartal,
Glaubt es mir, es war einmal,
Da ham edle Ritter g'haust,
Dene hat's vor garnix graust."

Karl Valentin hatte gut recherchiert. Zu Grünwald haben tatsächlich einmal edle Ritter gehaust. Schon sehr früh, als die Zeitrechnung noch mit drei Stellen ausgekommen ist, haben tüchtige Bajuwaren, wohl auf den Resten eines römischen Straßenimbisses, hoch über dem Isarufer einen umwehrten Wohnturm gebaut. Die Immobilie ging im 12. Jh. in die Hände der Grafen von Andechs über, 100 Jahre später übernahmen die

Wittelsbacher die Schlüssel. Als Herzog Albrecht IV. seine Hochzeit plante, stellte er fest, dass der Platz für die Feierlichkeiten nicht ausreichte, und ließ die Burg Ende des 15. Jhs. ausbauen. Im Wesentlichen stammt die heutige Bausubstanz noch aus dieser Zeit. Besser: Das, was vom Bau noch übrig blieb, denn so schön eine Hanglage auch ist, sie hat ihre Tücken. Ein kräftiger Regen – und ein großer Teil der Burg rutschte die Leite hinab. (Das Wort „Leite" ziehen echte Bayern dem Wort „Hang" vor.) Die Burg ist ein Multifunktionsbau gewesen. Sie diente mal als Jagdschloss, mal als Pulvermagazin, mal als Gefängnis. 1970 kaufte sie ein Münchner Bauträger, um sie bis auf die Türme abzureißen und eine Luxuswohnanlage daraus zu machen. Oho! Das ließen sich die Münchner nicht gefallen. Eine Bürgerinitiative machte mobil, der Freistaat erwarb das alte Gemäuer, ließ es restaurieren und ein Museum darin einrichten, das besonders Kinder begeistert, erzählt es doch viel vom Burgenbau und dem Leben der alten Ritter. Nur warum die oiden Rittersleut' ausgestorben sind, das erzählt man dem Nachwuchs nicht, jedenfalls nicht mit den Worten Karl Valentins:

„Wollt' ein Ritter einmal schnackseln,
Musst' er aus der Rüstung kraxeln,
Dabei ward ihm der Spaß verdor'm,
Deshalb san's heut ausgestor'm."

Im Verließ der Burg finden sich noch Reste religiöser Wandgemälde, mit denen sich der erste und prominenteste Gefangene die Zeit vertrieben hat. Sein Leben war so fantastisch, dass wir es hier nacherzählen wollen.

Der vielleicht größte Hochstapler der Geschichte

Beim selbsternannten Grafen von Ruggiero könnte es sich um den größten Hochstapler der Geschichte handeln. Unglaublich, wer auf seine Versprechungen alles hereingefallen ist. Vermutlich in Neapel um 1670 als Domenico Manuel Caetano geboren, machte sich der aus einfachen Verhältnissen stammende Junge eine Schwäche der Men-

Karl Valentin. – Denkmal auf dem Viktualienmarkt

schen zunutze: die Gier nach Gold. Wer es schaffte, aus Dreck Gold zu machen, der konnte die Welt beherrschen. Es galt als allgemein anerkannte Tatsache, dass man Stoffe transformieren konnte. Zahlreiche Alchemisten waren damit beschäftigt, den Stein der Weisen zu finden. Auch Caetano probierte sich in dieser Kunst, musste jedoch bald ernüchtert feststellen, dass die Sache mit dem Gold nicht so recht klappen wollte, jedenfalls nicht auf dem Weg der Alchemie. Um nicht weiter unnötig Zeit mit stinkenden Experimenten zu verschwenden, verfiel er auf einen Trick: Er füllte einen hohlen Löffel mit flüssigem Gold, verschloss das Loch mit Wachs und rührte dann vor neugierigem Publikum in einem heißen Topf herum, in den er einige als geheim erklärte Substanzen gab. Derweil schmolz das Wachs, das Gold lief in der Tiefe des Topfes aus dem Löffel und zur Verblüffung seines Publikums fischte Caetano es an die Oberfläche.

Der Beifall war ungeheuer. Rasch verbreitete sich die Nachricht, der Neapolitaner wurde bekannt. Reiche Männer, die noch reicher werden wollten, gaben ihm jede gewünschte Summe, damit er im großen Stil Gold für sie kochte. Wurde man misstrauisch, floh der Betrüger augenblicklich aus der Stadt und gelangte auf diese Weise von Neapel über Venedig und Verona nach Genua. Dabei schien ihm zupass gekommen zu sein, dass viele der Geprellten aus Furcht, sich der Lächerlichkeit preiszugeben, sein Vergehen nicht zur Anzeige brachten. Auch gab es noch keine Europol – so konnte er in Spanien munter weitermachen, dann in London, schließlich in Brüssel.

In Brüssel traf ihn Max Emanuel. Der bayerische Kurfürst war begeistert. Hatte er nur erst genügend Gold beisammen, würde er es den Österreichern heimzahlen, die sich sein Bayernland einverleibt hatten, und würde glorreich aus dem Exil zurückkehren. So machte er den

Burg Grünwald, Heim der oiden Rittersleut'

Italiener zu seinem Obristen und verlangte von ihm, nach München zu gehen und heimlich die versteckten Goldtresore zu füllen. Caetano bekam kalte Füße und versuchte zu fliehen, einmal, zweimal, vergebens – beide Male wurde er wieder gefasst. Max Emanuel stellte ihn unter die Aufsicht seines Rats Peter von Dulac, in dessen Münchner Haus die Goldproduktion anlaufen sollte. Doch die Sache wollte nicht mehr funktionieren. Max Emanuel wurde ungeduldig, wollte sich nicht länger vertrösten lassen, ließ den Italiener schließlich einsperren, als ersten Gefangenen der Burg Grünwald.

Als er mit den Wandgemälden fertig war, mit denen er sich die Zeit vertrieben hatte, gelang dem Hochstapler die Flucht. Wie dreist er gewesen sein muss, davon zeugt seine freiwillige Rückkehr. Wieder ließ sich der Kurfürst auf ihn ein, wieder fühlte er sich betrogen, wieder musste Caetano in den Grünwalder Kerker. Als die Österreicher bei Höchstadt siegten, befreiten sie den Gefangenen. Caetano ging nach Wien, wo er den ohnehin bereits hochverschuldeten König Leopold, seinen Retter und Befreier, ausnahm, bis auch dieser Verdacht schöpfte.

Welcher Hof blieb nun noch übrig? Caetano ging nach Berlin, zu Friedrich dem Großen. Doch der alte Fritz war misstrauisch, worauf Caetano wieder einmal zum Pinsel griff und ein prachtvolles Gemälde des preußischen Königs malte, das er mit psychologischer Raffinesse „Restaurata aurea secula" betitelte, „Wiederhersteller eines goldenen Zeitalters", eine augenzwinkernde Doppeldeutigkeit. Der alte Fritz schenkte ihm Vertrauen und einen hübschen Vorschuss. Wieder wollte Caetano mit vollen Taschen flüchten, wurde aber ergriffen und eingesperrt. Die Preußen waren strenger als die Bayern: Man verurteilte den Schelm zum Tode. An einem mit Goldflitter behängten Galgen, in ein goldenes Kostüm gesteckt, wurde er gehängt. Warum hat er nicht als Maler sein Glück versucht? Talent hat er doch gehabt, wie seine Wandgemälde in dem Grünwalder Kerker noch heute beweisen.

Leider ist das Burgmuseum montags geschlossen, so dass wir die Originale nicht bewundern können. An der zweifelhaften Kunst Caetanos bissen sich noch Generationen von Alchemisten ihre Goldzähne aus. Erst im 19. Jh. wurde der Beweis erbracht, dass sich Gold nicht aus anderen Substanzen herstellen ließ; die Alchemisten mussten sich umschulen lassen.

Hübsch ist der Isarhöhenweg, der auch von allerlei Joggern genutzt wird. Der Grünwalder scheint ein ausgesprochener Laufmensch zu sein. Eine Villa reiht sich an die andere. Eine echte Promistadt. Eine kleine Auswahl gefällig, wer hier seine Zelte aufgeschlagen hat oder hatte? Schauspieler wie Senta Berger, Joachim „Blacky" Fuchsberger, Uwe Ochsenknecht oder die Kessler-Zwillinge, Fußballer wie Arjen Robben, Matthias Sammer oder Oliver Kahn, Fernsehleute wie Kai Pflaume, Carolin Reiber oder Michael Verhoeven. Auch der Mode(bi)zar(r) Rudolph Moshammer führte hier seine Daisy aus. Der arme Mensch muss sich oft schrecklich einsam gefühlt haben. Oft fuhr er mit einem seiner drei Rolls-Royce in die Münchner Bahnhofsgegend und holte sich einen jungen Mann nach Hause, was ihm im Januar 2005 zum Verhängnis wurde. Ein Stricher erdrosselte ihn mit einem Telefonkabel. Schockiert reagierten viele Münchner, darunter auch manch Obdachloser. Mosi, wie er genannt wurde, hatte sie reich unterstützt, vielleicht, weil sein eigener Vater alkoholkrank in die Obdachlosigkeit abgestürzt war.

Am nördlichen Ende von Grünwald liegt der Ortsteil Geiselgasteig. Ein an eine Tankstelle erinnerndes, scheinbar schwebendes Betondach grüßt uns stolz: „Bavaria Film".

Bavaria Filmstadt

Wissen Sie, was Sophia Loren, Heinz Rühmann oder Elisabeth Taylor verbindet? Sie alle standen im Isartal vor der Kamera, in den Bavaria Filmstudios. Billy Wilder, Orson Welles, Ingmar Bergman? Führten hier Regie. Ebenso wie Stanley Kubrick, Rainer Werner Fassbinder oder Wim Wenders. Der berühmteste Film, der hier gedreht worden ist, ist vielleicht „Das Boot“ von Wolfgang Petersen gewesen. Oder „Die unendliche Geschichte“ nach dem Roman von Michael Ende. Aber auch bekannte Fernsehserien wie manche Tatort-Folge oder der „Marienhof“ wurden im bayerischen Hollywood produziert.

Peter Ostermayr hieß der Münchner Filmpionier. 1919 erwarb der Gründer der Emelka, der Münchner Lichtspielkunst AG, ein Gelände im Isartal in Geiselgasteig und baute dort seine Filmstudios auf. Die Ufa in Babelsberg-Berlin, die Emelka in Geiselgasteig-München, das waren die beiden großen Giganten der deutschen Filmindustrie.

Die Geschichte der Studios im Isartal gestaltete sich höchst wechselhaft. Gestartet in der Zeit des Stummfilms, war die notwendige Umstellung auf die Tonspule so teuer, dass Emelka 1932 Konkurs anmelden musste. Wilhelm Kraus ersteigerte das Gelände und gründete die Bavaria Film AG. Zu keinem guten Zeitpunkt. Ein halbes Jahr später kamen die Nazis an die Macht, wichtige Filmleute mussten ins Exil, darunter Max Ophüls, Therese Giehse und Fritz Kortner. Wie dreht man Filme in einer Diktatur? Wenn der Zensor über allem wacht? Je grausamer die Zeiten, desto harmloser die Filme. Selbst als in München schon die Bomben fielen, wurde am Gasteig noch gedreht. „Bravo, kleiner Thomas“, „Das Gesetz der Liebe“ und „Dreimal Komödie“ hießen die Streifen. Opium für das geplagte Volk. Nach dem Krieg kamen die Amerikaner. Auf dem unversehrten Filmgelände wurde weitergemacht, allerdings nicht durch die Bavaria Filmkunst selbst, sondern nur durch garantiert nazifreie Untermieter. Die Themen aber blieben lange dieselben. Auch im zerbombten Nachkriegsdeutschland verspürte niemand Lust auf Dramen, geschweige denn auf eine Aufarbeitung der jüngsten Geschichte. Man wollte endlich wieder einmal lachen.

Erst ab den 1970er-Jahren gesellten sich zu den zahlreichen Unterhaltungsfilmen Werke von Regisseuren, welche das Publikum herausfordern wollten. Rosa von Praunheim provozierte mit seinem Streifen „Nicht der Homosexuelle ist pervers, sondern die Situation, in der er lebt"; Rainer Werner Fassbinder wiegelte Rechte wie Linke gegen sich auf, erst recht aber die Bürgerlichen; mit seinem Film „Das Boot" gelang es Wolfgang Petersen, die Schrecken und den Unsinn des Krieges meisterlich zu illustrieren. Zu lachen gab es zum Glück ebenfalls noch jede Menge: Loriot veralberte sich selbst als „Ödipussi", Bully Herbig schickte sein (T)raumschiff Surprise in die unendlichen Weiten des Humors.

Wer will, kann die Studios im Rahmen einer Filmtour besuchen. Besonders für Kinder ein großer Spaß. Aber auch angehende Stuntmen können hier wichtige Erfahrungen machen. Wenig bekannt ist, dass Alfred Hitchcock seinen ersten Spielfilm am Geiselgasteig vollendete: „Irrgarten der Leidenschaft", 1925, natürlich noch völlig stumm, eine verwickelte Künstlertragödie. Der 26-jährige Hitchcock verriet seinem Kollegen Truffaut viele Jahre später in dem legendären Interviewfilm „Mr. Hitchcock, wie haben Sie das gemacht?", dass sich für ihn in München auch ein ganz besonderes Geheimnis gelüftet habe. Als eine Darstellerin ins Wasser springen sollte, weigerte sich diese mit dem Hinweis auf ihre Menstruation. Hitchcock hatte verwirrt dreingeschaut. Man musste dem jungen Mann erst erklären, was es damit auf sich hat. Hitchcock hatte eine Jesuitenschule besucht, Sexualunterricht wurde dort nicht erteilt. Entscheidender für den angehenden Meisterregisseur aber war wohl das Engagement der jungen Alma Reville als Regieassistentin. Ob es auch an ihrem Talent im Umgang mit den anspruchsvollen Hollywoodstars gelegen hat? Jedenfalls heiratete Alfred Hitchcock sie ein Jahr später, geflittert aber haben sie am Isarufer.

München

Über den Isarhochuferweg verlassen wir Grünwald und passieren die Stadtgrenze. Nun haben wir Münchner Boden unter den Reifen. Kurz hinter Geiselgasteig quert eine Eisenbahnlinie unseren Weg.

Um über die Isar zu kommen, müssen die Züge hier eine gewaltige Brücke passieren.

Die Großhesseloher Brücke

Die Zahl geht in die Hunderte. Wie viele genau es sind, weiß keiner zu sagen, es wird keine Statistik geführt. Ein Geräusch, wie wenn man eine Melone aus dem Fenster eines Hochhauses wirft – so höre es sich an, wenn wieder ein Mensch aufprallt, der sich von der Großhesseloher Brücke gestürzt hat, berichten Zeugen. Mit unheilvoller Magie zieht die Brücke Selbstmörder an. 1857, im Jahr ihrer Fertigstellung, war das Bauwerk die höchste Eisenbahnbrücke der Welt, ein filigranes Meisterwerk aus der Nürnberger Eisenschmiede Klett & Cie. Die Strecke verbindet München mit Holzkirchen, für Fußgänger hatte man ebenfalls einen Weg geschaffen.

1877 sprang der Erste, unzählige weitere sollten folgen. Ähnlich wie bei der Golden Gate Bridge entwickelte auch diese Brücke eine Suggestionskraft für Verzweifelte. Ein mutiger Unternehmer, der seinen Betrieb in der Nähe hatte, versuchte etwas an der grausamen Situation zu ändern und schrieb 1955 einen Brandbrief an die Stadt: „Wiederholt ist es vorgekommen, dass Selbstmörder in die badende Menge hineingesprungen sind. In einem Fall wurden Schädelteile unter neugieriger Anteilnahme vieler Zuschauer, darunter Kinder verschiedenen Alters, mit Schaufel und Besen zusammengefegt." Doch nichts tat sich. Zwei Jahre später zeigte der Unternehmer deshalb den bayerischen Ministerpräsidenten Wilhelm Hoegner an, wegen fahrlässiger Tötung und Mitschuld am Tode von mindestens zehn Menschen.

Endlich begann man, die Brücke zu sichern, 1985 ließ man den Fuß- und Radweg sogar rundherum vergittern. Dennoch gelang es Lebensmüden, von der Brücke zu springen. Offensichtlich wurde, dass besonders Jugendliche durch reißerische Berichterstattungen der Boulevardzeitungen zur Nachahmung verleitet wurden; ein Phänomen, das

◀ *Ton in Ton: die Isar bei Grünwald*

man als Werther-Effekt bezeichnet, hatte man die Zusammenhänge doch schon zu Goethes Zeiten erkannt. Es kam zu heftigen Diskussionen über die Rolle der Medien. Was darf, was muss die Presse bringen? Zum Glück einigte man sich darauf, über spektakuläre Suizide nur noch sehr zurückhaltend zu berichten. Manchen Verzweifelten hat ein geschulter Psychologe dazu bewegen können, wieder herunterzuklettern und dem Leben eine Chance zu geben. Ein junger Mann, der dennoch sprang, hatte enormes Glück: Sein Mantel blieb am Schutzgitter hängen und riss nicht. Eine Viertelstunde baumelte der Unglückliche in der Luft, dann gelang es der Polizei, ihn zurückzuziehen.

Aus der einstigen Todesbrücke scheint eine Liebesbrücke zu werden. Überall sehen wir Liebesschlösser hängen, sichtbare Zeichen ewiger Treue. Oder doch zumindest fester Treueabsichten. Bis dass der Rost Euch scheide! Oder der Bolzenschneider, denn zu viele Schlösser werden wegen der Korrosion nicht geduldet. Muss man verstehen und akzeptieren. Was hilft es den Liebenden, wenn die Brücken einstürzen?

Aus tiefenpsychologischer Sicht ist das Anbringen eines gemeinsamen Liebesschlosses gut nachvollziehbar. Der Mensch fühlt sich ab der Pubertät mit sich selbst entzweit. Lebte man zuvor in glücklicher Harmonie, so wurde man schnöde aus diesem Paradies vertrieben und landete schmerzhaft auf der Seite eines der beiden Ufer, die fortan durch einen Fluss, der das Leben zerschnitten hatte, gebildet wurden. Die einzige Chance, das Lebensglück wieder zu erreichen, ist, ein Wesen von der anderen Seite zu finden. Die Liebe, das ist die Brücke, welche die Menschen zusammenführt, das Schloss ist das Zeichen für Treue und Beständigkeit. Der Brauch, Schlösser als Zeichen von Lieb und Treu an Brücken zu ketten, stammt übrigens aus einem Land, in dem man sich mit der Liebe auskennt: aus Italien. An einer Laterne auf der Milvischen Brücke ranken sich Girlanden von Vorhängeschlössern. „Per sempre" – „Für immer!", ruft das glückliche Paar und wirft den Schlüssel in den Tiber. Von Italien verbreitete sich die Sitte bald über ganz Europa. Seitdem führen Stadtverwaltungen und Verliebte einen erbitterten Kampf gegeneinander.

Locker nimmt es die Deutsche Bahn, Eigentümerin der Kölner Hohenzollernbrücke, an der schon an die 50.000 Schlösser hängen: „Wir sehen das mit einem Lächeln." Verbissene Anti-Schloss-Aktivisten sind die Berliner, wo die Anbringung 35 Euro Strafe kostet, wenn man sich erwischen lässt. Aber auch die Venezianer, deren Stadt doch wie keine zweite für Liebespaare geschaffen ist, gehen rigoros selbst gegen das allerkleinste Schlösschen vor. Man befürchtet, dass die vernickelten Schlösser den Brückenstahl angreifen und ihn rosten lassen. Klar, Liebe ist stärker als Stahl, das wussten schon die alten Dichter. Wie heißt es noch so schön: „Marmor, Stein und Eisen bricht, aber unsere Liebe nicht!" Da die Stadtverwaltungen aber nur für den Zustand der Brücken zuständig sind, nicht aber für den der liebenden Herzen, zwickt sich der Bolzenschneider durch Salzburg, Lübeck, Wuppertal und München.

Die Großhesseloher Brücke

In Bamberg fand sich ein Kompromiss: Zusätzlich angebrachte Stahlseile bieten eine unbedenkliche Alternative. Leider nur strahlt dieses behördlich zugewiesene Schlösserreservat nicht die gleichen Reize aus wie der Ursprungsort, ist doch jede echte Liebe in ihrem Kern anarchistischer Natur. Wahre Liebe an falschen Seilen? Ob dies eine Zukunft hat? Auch die Liebenden selbst scheinen sich da bisweilen nicht sicher zu sein. Ein junger Mann soll dabei beobachtet worden sein, wie er beim besiegelnden Liebeskuss auf der Brücke den Ersatzschlüssel unauffällig in die Hosentasche gleiten ließ. Man kann ja nie wissen ...

Praktischer Hinweis: Sollten Sie bei einem späteren Besuch Ihrer Münchner Liebesbrücke feststellen, dass der Bolzenschneider auch Ihr Schloss gebrochen hat, so können Sie versuchen, seine traurigen Reste im zuständigen Bauhof wieder einzusammeln.

Logisch, dass wir nicht widerstehen können, das imposante Brückenbauwerk zu queren. Was für ein schöner Blick tut sich bis nach München auf! Im Abendglanz sehen wir golden die Zwiebeltürme der Frauenkirche schimmern. Unsere Isarüberquerung hat noch einen anderen Grund: Auf dem anderen Ufer findet sich ein für das bayerische Selbstbewusstsein wichtiger historischer Ort.

Die Waldwirtschaft Pullach und die Biergartenrevolution

„Mei Rua will i und mei Revolution", sagt der Bayer. Dass Letztere manchmal notwendig ist, um Erstere herzustellen, beweisen die Ereignisse aus dem Jahr 1995, als die Biergartenrevolution von diesem lauschigen Platz ihren Ausgang nahm. Was war geschehen? Anwohner des beliebten Biergartens an der Waldwirtschaft hatten geklagt. Sie waren es leid, all die Leute, all den Lärm. Wenigstens am Abend sollte Schluss damit sein, und zwar bereits um 21:30 Uhr. Und an jedem zweiten Wochenende. Was für ein Wehklagen brach aus, als die Anwohner Recht bekamen! Bis zum Bayerischen Verwaltungsgerichtshof klagten

Ein Liebesschloss kommt selten allein!

Renaturiert und noch schöner: der Flaucher

sich die Nachtschwärmer hinauf; dessen Richter aber, vermutlich überzeugte Weintrinker, bestätigten das traurige Urteil voll und ganz. Wer aber geglaubt hatte, damit wäre die Sache erledigt, der hatte sich gewaltig getäuscht. Denn nun brach sie los, die Revolution. Biergärtner und Brauer machten mobil, Unterschriften wurden gesammelt, 140.000 in ganz Bayern. Und dann trommelte man zur großen Demonstration nach München. 25.000 Biergartenwutbürger protestierten.

Die Politik bekam kalte Füße angesichts des drohenden Volksaufstandes. Welche Folgen unbedachte Entscheidungen in Bierfragen haben können, das hatte man im März 1844 erlebt, als König Ludwig I. den Bierpreis um einen Pfennig erhöht hatte. Tausende wütende Münchner stürmten daraufhin die Brauereien, das Militär weigerte sich einzuschreiten, die Anarchie drohte auszubrechen und der König musste nachgeben. Was waren schon ein paar lärmgeplagte Anwohner, verglichen mit diesen zu allem entschlossenen Revolutionären? Schnell bastelte man eine Biergartenverordnung zusammen. In allen traditionellen Biergärten, bei denen man unter Bäumen selbst mitgebrachte Speisen verzehren darf, dürfen die Gäste seitdem wieder erst nach 23 Uhr hinausgeworfen werden. Der Biergarten ist tot, es lebe der Biergarten! Hochzufrieden verließen die bayerischen Biergartenrevoluzzer die Straße wieder, um sich in ihren Lieblingsbiergarten zu begeben. Prost! Die Revolution säuft ihr Kindl! (Nee, Moment, Kindl ist doch ein preußisches Bier!)

Wir nutzen die Gelegenheit, das vermutlich einzige denkmalgeschützte Toilettenhäuschen des gesamten Isarufers aufzusuchen, und erleichtern uns unter schmucken Art-déco-Oberlichtbändern. Noch dazu zu den Klängen einer Jazzkapelle. Stilvoller geht's nicht.

Als wir uns wieder auf's Rad schwingen, erkennen wir durch das Grün die Gebäude des angrenzenden Bundesnachrichtendienstes. Die armen BND-Leute! So eine schöne grüne Kantine wird's in der neuen Berliner Zentrale wohl nicht geben. Noch dazu eine so abhörsichere.

Über die Großhesseloher Brücke geht's zurück ans östliche Isarufer. Man merkt, dass man in den Sog von München gerät, mit der Einsamkeit ist's bald vorbei. Etwas langsamer und deutlich vorsichtiger radeln wir den von Jung und Alt bevölkerten Weg entlang. Zur Rechten grüßen plötzlich transparente Fahnen mit Tiermotiven. Hellabrunn, der Münchner Tiergarten ist erreicht.

Hellabrunn

Der Tierpark Hellabrunn ist zweifellos eines der schönsten Tiergehege der Welt. Allein die Lage! Eingebettet in die Flussaue, vom Steilhang des östlichen Ufers begrenzt, wird das Gelände von der Isar und zugleich vom Auer Mühlbach durchflossen, zahlreiche kleinere Wasserläufe und Wassergräben verzweigen sich munter und trennen die Gehege von den Besuchern, welche die Tiere ungestört betrachten können.

Als Vorreiter hat der Münchner Tierpark das Konzept des Geo-Zoos durchgesetzt, die Tiere sind Kontinenten und Regionen zugeordnet und ergänzen sich zu einem lebendigen Bild ihrer Heimat. Noch im Königreich Bayern gegründet, hat Hellabrunn eine reiche Geschichte. Wie viele schöne Momente mag es da gegeben haben, Erfolge bei der Züchtung gefährdeter Rassen, neue Attraktionen wie die riesige Voliere, die Dschungelwelt, das Artenschutzzentrum, tolle Aktionen für Schulkinder.

Wie herrlich schlendert es sich durch den Park, der wegen seines Wasserreichtums und seiner vielen Brücken auch als „Venedig unter den Zoos" bezeichnet wird. Die Wasser der Isar, die zugleich den Auer Mühlbach speisen – auch hier entfalten sie ihren Zauber. Allerdings sind sie auch manchem Zoobewohner zum Verhängnis geworden.

Arme Püppi!

An einem Mittwochvormittag des Jahres 2012, einem heißen Tag im August, spielte Püppi, eine stets freundliche und überaus friedliche Schimpansendame, mit ihrem Affenfreund Toni im Außengehege auf der Wiese, beobachtet von zahlreichen amüsierten Schulkindern. Was dann geschah, konnte im Detail nicht mehr rekonstruiert werden. Fest steht: Püppi rannte ganz gegen ihre Gewohnheit zum begrenzenden Wassergraben, der an dieser Stelle 2,50 m tief ist, überwand den 1,50 m hohen Elektrozaun und fiel ins Wasser. Die meisten Tiere können schwimmen, selbst Pferde und Kühe, nicht aber Schimpansen. Unter den entsetzten Schreien der Kinder versank die arme Schimpansendame wie ein Stein. Von den Schreien alarmiert, liefen zwei Tierpfleger herbei, sprangen hinterher und zogen die bereits leblose Schimpansin wieder an Land. Sofort begannen sie mit der Reanimation, mit der Herzmassage. Vergebens. Püppi war tot.

Hätte sie doch das Fangnetz gesehen, das man nach dem Tod von Franzl aufgespannt hatte! Franzl, ein weiterer Schimpanse, war wenige Jahre zuvor auf dieselbe Weise ertrunken. Oder ob es gar kein Unfall gewesen ist? Gibt es Suizide bei Tieren? Haben die Schimpansen die Gefangenschaft nicht ertragen, das ständige Begafftwerden? Nein, unmöglich. Wer die Bedingungen im Tierpark Hellabrunn kennt, der weiß: Wenn Zoo, dann München.

Tragischer noch ist ein Vorfall am Elefantengehege gewesen. Lange war es in Zoos üblich, dass die Besucher die grauen Dickhäuter füttern durften. Ein eindrucksvolles Erlebnis, besonders für Kinder, wenn der Elefant seinen Rüssel ausstreckt und mit einer Eleganz und Zartheit, die man dem Koloss kaum zugetraut hätte, einen Apfel oder eine Möhre aus der offenen Hand entgegennimmt. Auch in Hellabrunn konnte man lange Zeit die Elefanten füttern. Im Jahr 1968 aber geschah ein solch tragisches Unglück, dass man davon abkommen musste und einen zusätzlichen Sicherheitszaun aufstellte. Was war geschehen?

Es ist ein regnerischer Herbsttag gewesen, als eine junge Mutter mit ihrer kleinen Tochter den Zoo besuchte und dabei auch zum Elefantenfreigehege kam. Mini, eine damals 45-jährige Elefantenkuh, gebürtige Inderin, stand wie üblich an der Mauer und stieß einen klagenden Ton aus, Zeichen dafür, dass sie gerne etwas zu fressen hätte. Auf Geheiß ihrer Mutter, die ihr ein besonderes Erlebnis schenken wollte, verfütterte die dreijährige Ursula mutig ihr letztes Stückchen Brot an Mini. Kaum jedoch hatte die Elefantendame den Bissen verspeist, als sie erneut ihren Rüssel über die Mauer schwang, sich die kleine Ursula packte und das Kind vor den Augen der überraschten Mutter zu sich ins Gehege holte. Dort legte die Elefantin das Kind ab

Einer der tierischen Bewohner von Hellabrunn

und begann, das schreckensstarre Mädchen mit dem Vorderfuß hin und her zu rollen. Von den Hilferufen der Mutter und anderer Gäste alarmiert, lief ein Wärter herbei, begriff sofort die Situation. Innerlich aufs Äußerste erregt, zwang er sich zur Ruhe, redete sanft auf Mini ein und klopfte ihr den Rüssel. Mini verstand und ließ von dem Mädchen ab. Augenblicklich nahm der Tierwärter das Kind in seine Arme. Ein Auge war stark geschwollen und am Kopf waren Schürfwunden zu sehen. Ursula lebte, fing aber an zu röcheln und zu stöhnen. Der Wärter brachte das Mädchen noch in den Wärterraum, wickelte sie in eine wärmende Wolldecke, bettete sie ins Heu und versuchte, Hilfe zu rufen. Unglücklicherweise waren die Telefonleitungen des Zoos an diesem Tag aber durch Straßenarbeiten beschädigt worden. Wertvolle Zeit verstrich. Schließlich verständigten Bauarbeiter über Funk das Rote Kreuz. Der Rettungswagen traf 20 Minuten später ein, man brachte das Kind noch ins Harlachinger Krankenhaus, doch da war es bereits tot.

Eine große Diskussion hob an. Wie hatte das geschehen können? Musste Mini eingeschläfert werden? War sie ein Killer? Vehement verteidigten die Wärter die Elefantenkuh. Das Ganze sei ein einziges Missverständnis gewesen. Schuld sei der Regenmantel des Kindes. Mini habe das Plastikteil für eine Picknicktüte gehalten. Die Elefantenkuh war es gewohnt, Plastiktüten auf den Boden zu legen und den Inhalt durch Rollen mit dem Fuß herauspurzeln zu lassen. Die Argumente überzeugten. Mini durfte weiterleben. Auch deshalb, weil sie erst im Jahr zuvor bewiesen hatte, wie sehr sie die Menschen liebte, ja, ihr Leben für sie einzusetzen bereit war. Cora, die gewaltige Leitkuh, hatte zum Angriff auf einen Wärter geblasen, war mit wütenden Trompetenstößen auf den Mann losgestürmt und hätte ihn zermalmt, wäre nicht im letzten Moment Mini dazwischengegangen. Mit einer gewaltigen Kopfnuss hatte sie Cora gegen die Wand des Elefantenhauses gestoßen und ihr dabei das Rückgrat zerschmettert, so dass sie daran starb.

Scheußliche Geschichten. Welche Dramen sich am Isarufer aber auch ereignet haben! Doch Schluss damit, genießen Sie die exotischste Partie der Isar, indem Sie sich durch den wunderschönen

Wer traut sich ins kalte Isarwasser? – Pinguin in Hellabrunn

Tierpark treiben lassen. Wollen Sie wissen, was unser persönlicher Liebling ist? Der Eselspinguin. Ein elegantes Tier, das in seinem feinen Frack ohne Weiteres ins Nationaltheater gehen könnte. Oder ins „P1". Je nach Musikgeschmack. Musikalisch nämlich ist er, singt er doch wie ein Esel so schön.

Wir passieren die Thalkirchener Brücke, kurz darauf geht mit der Isar etwas vor sich: Sie beginnt sich zu verzweigen, bildet immer neue Arme, die sich wieder vereinen, um sich kurz darauf wieder aufs Neue zu teilen. Zahlreiche Kiesbänke entstehen auf diese Weise, schmale Inseln, vom Wasser umströmt. Ein hübsches Schauspiel, fast so, als hätte der Mensch der Isar gesagt: Hier darfst du mal machen, was du willst!

Am Flaucher

Nicht immer sah es hier so aus. Was wie ein ursprüngliches Flusstal wirkt, ist vom Menschen geschaffen worden, durch das große Projekt der Renaturierung: „Neues Leben für die Isar." Der Flaucher war der Ausgangspunkt. Auf 8 km Länge, bis ins Herz von München hinein, wurde die Isar renaturiert. Von 2000 bis 2011 machte man sich an die

Arbeit, wurde dem Flussbett wieder Raum verschafft, ersetzte man die steinernen Ufer durch flache, begehbare Strände, setzte man Störsteine ins Flussbett, schuf Strömungsschatten, Ruhezonen für Fische. Die Isar kann wieder das tun, was sie über Jahrtausende getan hat: frei mäandern, sich neue Wege suchen, neue Inseln und Kiesbänke schaffen.

Zusätzlich investierte man am Oberlauf und rüstete die Kläranlagen mit UV-Bestrahlern, so dass kaum mehr Bakterien in den Fluss finden; die Stadtwerke verpflichteten sich, stets genügend Wasser im Fluss zu lassen. Hierdurch gelang, was lange keiner für möglich hielt: Die Isar hat in München wieder Badewasserqualität! Einmalig für eine Metropole von dieser Größe, Hoffnungszeichen für Nachahmer. Die 35 Millionen sind gut investiertes Geld.

Man darf den alten Münchnern nicht böse sein, dass sie die Isar einst in ein enges Korsett aus Ufermauern, Wehranlagen und Kanälen gezwängt hatten. Der Fluss ist einfach zu unberechenbar gewesen. Wie oft hatten das Lehel, die Au und das Tal unter Wasser gestanden! So war man der Isar ab Mitte des 19. Jhs. auf den Leib gerückt, hatte die Widerspenstige gezähmt und aus ihr einen braven, aber auch etwas langweiligen Fluss gemacht.

„Treffen wir uns am Flaucher?", heißt es oft an heißen Sommertagen. Dann wird die Badehose angezogen oder auch ausgezogen, werden Grill und Kohlen mitgebracht, dann raucht es aus unzähligen Feuerstellen, springen unvernünftige Gaudiburschen gröhlend in den Fluss und spritzen die Mädchen nass, die kreischend über das Kiesbett flüchten. Flaucher nennt sich der ganze Isarabschnitt bis hinunter, wo sich einst die alte Brudermühle gedreht hat. Der Name stammt von dem Gastwirt Johann Flaucher, der 1870 in einem alten Forsthaus am Isarufer eine Schankwirtschaft eröffnet hatte. Dort kann man immer noch anstoßen.

Für uns wird's Zeit, Quartier zu beziehen, in der Isar spiegeln sich schon die Nachtwolken. An der Thalkirchner Straße liegt der Alte Südfriedhof, der Promifriedhof des Isartals. Eine kleine Auswahl? Große Baumeister liegen hier, wie Leo von Klenze oder Friedrich von Gärtner, große Wissenschaftler wie Joseph von Fraunhofer, Max von

Pettenkofer, Georg Simon Ohm oder Justus von Liebig, Industrielle wie Joseph Anton von Maffei oder Joseph Pschorr, große Künstler wie Ludwig Schwanthaler und Moritz von Schwind, und nicht zu vergessen: Johann Conrad Develey, ohne dessen süßen Senf keine Weißwurst schmecken würde. Auch das Grab eines Mannes findet sich hier, dem wir ein ganz besonderes Lied zu verdanken haben: die bayerische Nationalhymne.

Das Lied der Bayern

Über Sinn und Qualität von Nationalhymnen kann man streiten. Golo Mann hat sich darüber seine Gedanken gemacht und kritisiert zu Recht viele hymnische Grausamkeiten. Nur eine Hymne lässt er uneingeschränkt gelten, und das ist die bayerische. Keine Spur von schwülstigem Chauvinismus sei darin zu finden, kein falsches Pathos, keine Herabwürdigung der Nachbarn, geschweige denn solche blutrünstigen Aufforderungen wie in der Marseillaise. Poetisch und bescheiden, nichts kann man daran aussetzen. Und dennoch, trotz seines sittlichfrommen Tonfalls, hat das Lied der Bayern schon für manchen politischen Wirbel gesorgt. Der ursprüngliche Text stammt von dem Münchner Volksschullehrer Michael Öchsner und ist schon fast 150 Jahre alt. Im Laufe der Zeit wurde an dem Text jedoch – je nach politischer Lage – kräftig herumgebastelt und gestritten. In der dritten Strophe hieß es zunächst: „Gott mit ihm, dem Bayer-König, Vater Max aus Wittelsbach!" Mit der Monarchie verschwand 1919 dann auch der Bayer-König aus der Hymne, 1933 wurde sie von den Nationalsozialisten ganz aus den Schulbüchern radiert. Die Betonung bayerischer Eigenständigkeit widersprach dem Führerprinzip, außerdem klang sie Hitler zu sehr wie ein Kirchenlied. Nach dem Zweiten Weltkrieg kehrte sie dann in die bayerischen Schulbücher zurück, und seit 1949 beendet sie das Programm des Bayerischen Rundfunks. Erst drei Jahre später wurde gegen den erbitterten Widerstand bayerischer Patrioten das Deutschlandlied akustisch drangehängt, als politische Konzession der Bayerischen Staatsregierung an den Bund, um keine separatistischen Missverständnisse aufkommen zu lassen.

Alles im Fluss: die Isar am Flaucher

Aber unterkriegen lassen wollte man sich auch nicht. 1963 ordnete der damalige bayerische Ministerpräsident Alfons Goppel an, das Bayernlied bei allen offiziellen Staatsempfängen spielen zu lassen, und zwar unmittelbar und ohne Pause nach dem Deutschlandlied, was zu erheblichen Irritationen führte. Heinrich Lübke, seinerzeit Bundespräsident, lauschte verblüfft, als die Kapelle nach den letzten Klängen des Deutschlandliedes nicht wie gewohnt würdig schwieg, sondern gleich wieder ansetzte und etwas für den Sauerländer ungewohnt Fremdländisches erklingen ließ, das ihm gar nicht gefiel! Sein Unmut verstärkte sich noch, als er bemerkte, dass bei dieser zweiten Hymne die Gesichter der umstehenden Bayern ganz anders zu leuchten begannen als zuvor! Empört verlangte er von Goppel, das Abspielen des Bayernliedes bei den Empfängen künftig zu unterlassen. Das Deutschlandlied sei völlig ausreichend! Wo kämen wir denn hin, wenn das bayerische Beispiel Schule machen und sie ihm demnächst, in Hamburg etwa, „An der Nordseeküste ...“ um die Ohren blasen würden! Aber Goppel ließ sich nicht beirren. Die bayerische Landeshymne beruhe schließlich auf alten Traditionen und habe in Bayern schon Bedeutung gehabt, als es die Bundesrepublik überhaupt noch nicht gegeben habe. Fortan meinten aufmerksame Beobachter, um das rechte Auge Lübkes stets ein nervöses Zucken bemerkt zu haben, wenn er auf Staatsbesuch in Bayern war und die Musik aufspielte.

Ein weiteres Mal wurde die Hymne zum Politikum, als im Jahr 1980 der bayerische Ministerpräsident Franz Josef Strauß Anlauf nahm, um den Weißwurstäquator zu überspringen und Bundeskanzler zu werden. Die Aussichten standen kurz vor der Wahl nicht günstig, und um seine Chancen bei den preußischen Wählern zu verbessern und den Ruf des bayerischen Urviechs abzulegen, verfügte er, die Bayernhymne zu germanisieren und aus der ursprünglichen „Heimaterde“ eine „deutsche Erde“ zu machen. Doch selbst dieser Schachzug half ihm nichts, die „Nordseeküste“ siegte über die Bayernhymne und Helmut Schmidt blieb Kanzler. Manch bodenständiger Bayer verübelte FJS den wahltaktischen Eingriff in das bajuwarische Liedgut und – späte Rache! – der Freistaat machte ihm dann die deutsche Erde streitig, in der er seit Jahren ruhte, und wollte ihm vom Fiskus sein Grab pfänden lassen – zum Kuckuck! –, doch nicht etwa, um wieder „Heimaterde“ daraus machen zu lassen? Ein Vorschlag zur Güte (den man allerdings in der bayerischen Staatskanzlei nicht gerne hören wird): Streitet nicht über „deutsche Erde“ oder „Heimaterde“. Ändert den Text stattdessen ein weiteres Mal und macht „Europas Erde“ daraus. Ist zwar rhythmisch nicht ganz korrekt, aber dafür viel zeitgemäßer.

Keep smiling: „Straßenkunst“ an der Isar in München

In Thalkirchen finden wir in einer betagten Villa Unterschlupf. Doch vor dem Schlafengehen sind noch Hunger und Durst zu stillen. Der wuschelige Student an der Rezeption empfiehlt uns den „Alten Wirt" unten bei der Kirche im Tal. Dort werden wir freundlich empfangen. „Wiener Schnitzel? Darf's auch ein Schnitzel Wiener Art sein?", fragt uns der Kellner. Wir erheben keine Einwände und bestellen eine Halbe Löwenbräu dazu. Der Löwe ist ja das bayerische Wappentier. Wie es wohl dazu gekommen ist?

Schon früh findet sich ein Löwe im Wappen der Wittelsbacher, dem alten bayerischen Herrschergeschlecht. Pfalzgraf Otto der Erlauchte, ein Sohn Herzog Ludwigs I. von Bayern, dem wir auf unserer Reise noch begegnen werden, führte ihn bereits 1229 in seinem Reitersiegel. Weil man den gebürtigen Kelheimer mit Agnes von der Pfalz verbandelt hatte – bereits im zarten Alter von sechs Jahren tauschten die beiden die Verlobungsringe aus –, avancierte Otto zum Pfalzgrafen bei Rhein und sein Löwe zum Symboltier der Pfalz. Jahrhundertelang waren die weißblauen Rauten und der Löwe enge Wappengeschwister, erst im 16. Jh. verabschiedeten sie sich für lange Zeit voneinander, die Rauten wehten für Bayern, der Löwe für die Pfalz.

Vermutlich ist der Löwe aber älter als Pfalzgraf Otto der Erlauchte. Schon die welfischen Pfalzgrafen und der staufische Pfalzgraf Konrad sollen sich mit ihm geschmückt haben, auch die Vorläufer der Wittelsbacher,

Der bayerische Löwe – das Wappentier der Wittelsbacher

„... und erhalte dir die Farben deines Himmels, weiß und blau!" – für echte Bayernfans

die Herzöge von Bogen, führten ihn im Wappen. Im heutigen bayerischen Staatswappen kommt sogar eine ganze Löwenbande vor, sechs an der Zahl! Als Reminiszenz an alte Pfälzer Zeiten brüllt der Löwe für die Oberpfalz gelb auf schwarzem Grund. Drei lustige schwarze Löwen bilden gekonnt eine Pyramide auf gelbem Grund; die Zirkuskünstler sind dem alten Wappen der Staufer entnommen und posieren für den Regierungsbezirk Schwaben. Löwe fünf und sechs sind zweifellos die größten Viecher, allerdings dienen sie nur als Wappenhalter, was uns für ein stolzes Löwentier etwas peinlich vorkommt.

Interessant: Die eigentlichen bayerischen Kerngebiete um die Isar, Oberbayern und Niederbayern, werden nicht durch einen Löwen, sondern durch einen blauen Panther repräsentiert, was auf die Grafen von Ortenburg zurückgehen soll, die im 11. Jh. über umfangreichen Grundbesitz in Bayern verfügten. Das einzige Volk, das kein Raubtier zum bayerischen Staatswappen beiträgt, sind die Franken. Friedlich,

Der Eisbach – ein Isararm für Gartenbesucher (nicht nur für englische)

Flussabwärts von München: gezähmte Natur

des europäischen Fußballs aufsteigen sollte. Kurz zuvor, am 27. Februar, hatten sich Spieler des MTV München über die Zukunft ihres Vereins gestritten, die Revoluzzer waren zur „Gisela" nach Schwabing gegangen und hatten dort den FC Bayern gegründet. Der vielleicht wichtigste Spieler des Vereins ist hier gleich ums Eck aufgewachsen, in der Zugspitzstraße.

Franz Beckenbauer

Manchmal kann eine Ohrfeige über eine Karriere entscheiden. Eigentlich hatte der junge Franz Beckenbauer zu den Löwen wechseln wollen, zum TSV 1860 München, dem Arbeiterverein aus Giesing. Auch Beckenbauer stammte aus Giesing, sein Onkel war schon erfolgreicher Fußballer gewesen, hatte in der Arbeiternationalmannschaft gespielt. So eine Auswahl hat es tatsächlich mal gegeben. Sein Neffe Franz erlernte das Fußballspielen beim SC 1906. Mit 13 Jahren aber wollte er zu den ruhmreichen Löwen, doch da verpasste ihm ein Löwenspieler während eines Spieles eine Ohrfeige, und aus war's mit den Plänen. Beckenbauer ging zum FC Bayern, der Rest ist bekannt. Mit den Bayern stieg er in die Bundesliga auf, wurde mehrfacher Deutscher Meister, Weltmeister mit der Nationalmannschaft durch den Sieg gegen die Niederlande in seiner Heimatstadt München, Weltmeister auch als Teamchef bei der WM in Rom. Franz Beckenbauer, der Kaiser, die Lichtgestalt von der Isar.

Wie sich die Zeiten geändert haben, kann man an einer Anekdote aus Franz Beckenbauers Jugendjahren erkennen. Man hatte den begabten Jungen, der gerade 18 geworden war, nicht mehr aufstellen wollen, als bekannt wurde, dass er Vater wird. Nur durch viel gute Fürsprache konnten die Verantwortlichen des FC Bayern überzeugt werden, dem jungen Talent die Karriere nicht zu verbauen.

Nachdem wir mit Giesing den Geburtsort des größten deutschen Fußballers passiert haben, erreichen wir nun den Geburtsort des größten bayerischen Humoristen. Auf dem rechten Isarufer, in der Au, ist er zur Welt gekommen.

Karl Valentin

Unter den Zuschauern ist einer, der keine seiner Premieren verpasst, ein junger Mann mit schwarzer, abgetragener Lederjoppe. Betont ungepflegt gibt er sich, unangepasst. Oft bringt er Freunde mit und bleibt an der Seitenwand stehen, um alles besser im Blick zu haben. Mit aufmerksamen, dunklen Augen folgt er Valentins Vortrag. Wie anders ist die Atmosphäre hier als im klassischen Theater mit seiner Guckkastenbühne, wo alles auf perfekte Illusion ausgerichtet ist! Zuschauer und Schauspieler

Hutklinke am Valentin-Karlstadt-Musäum

bilden hier eine Einheit. Das Licht im Saal ist nicht ausgeschaltet, die Menschen trinken und rauchen und sind doch ganz bei der Sache. Und dieser Valentin, er ist ein Genie! Der junge, ungepflegte Mann lacht aus tiefster Seele. Nie zuvor hat er so lachen müssen. Kein glatter Humor ist das, kein leichtverdaulicher! Nein, ein komplizierter, ein blutiger Witz ist das, eine trockene innerliche Komik. Wie zeigt er uns die Unzulänglichkeit aller Dinge einschließlich unserer selbst!

Der junge Mann mit dem schwäbischen Dialekt lässt sich Valentin vorstellen. Auch er ist ein Theatermann, möchte einer werden. Hat ein neues Stück geschrieben, das in den Kammerspielen laufen wird. Ob es sich Valentin nicht einmal anschauen möchte? Valentin schaut ihn groß an. Ins Theater? In ein richtiges Theater? Valentin geht nie ins Theater! Doch der junge Dichter bleibt hartnäckig, Valentins Meinung sei ihm sehr wichtig! Und Valentin lässt sich erweichen. Bei der nächsten Aufführung sitzt er im Parkett. Nach der Vorstellung suchen sie ihn im „Malkasten“, einer Kneipe gleich neben den Kammerspielen. Bert Brecht ist ungewohnt nervös. Ob es Valentin gefallen hat? Wo ist er überhaupt? Da hinten im Eck sitzt er und spielt gedankenverloren auf seiner Zither. Sie treten an seinen Tisch. Betreten bleibt Brecht mit seinen Freunden neben ihm stehen und wartet. Nach einer Weile unterbricht Valentin sein Spiel. „Ja wissen's“, sagt er schließlich, „bei diesen modernen Stücken, da müsste am Ende der Vorstellung einer kommen, der die Leut' am Arm packt und ihnen sagt: Jetzt ist Schluss!“ Brechts Freunde schauen peinlich berührt, aber Brecht ist ihm nicht böse. Im Gegenteil. Valentin hat die Schwäche des Stücks auf den Punkt gebracht und Brecht ist ihm dankbar dafür. Beim nächsten Stück wird er es anders machen. Sie bleiben im Kontakt, machen sogar Projekte miteinander. Ihr Verrücktestes: ein Film, spontan, genialisch, chaotisch. Die „Mysterien eines Frisiersalons“. Der Film wird niemals aufgeführt, kein Verleiher findet sich dafür.

Als Karl Valentin starb – Rosenmontag 1948 – und auf dem Planegger Friedhof begraben wurde, schickte die Stadt München keinen

Vertreter; ebenso die Münchner Theater. Sie hatten ihn vergessen. Zum Glück hat man ihn längst wiederentdeckt. Im Isartor kann man ein kleines, lustiges Museum besuchen. Dort finden sich noch einige Exponate von ihm. Zum Beispiel eine Schüssel mit Wasser: „Geschmolzene Eisplastik". Lauter höherer Blödsinn.

Auf einer Insel der Isar steht eine der Hauptattraktionen Münchens, das Deutsche Museum. Sein Architekt darf mit Fug und Recht Schutzengel der Isar genannt werden. Gabriel von Seidl (1848–1913) war nicht nur einer der produktivsten Architekten des Historismus und des bayerischen Heimatstils, der mit Werken wie der Lenbachvilla, dem Bayerischen Nationalmuseum, St. Anna im Lehel, dem Rondell am Stachus und den Ruffinihäusern am Rindermarkt, um nur einige zu nennen, das Stadtbild Münchens bis heute mitgeprägt hat, er war zugleich ein Visionär des Naturschutzes, der eine der ältesten Bürgerinitiativen Deutschlands geschaffen hat: den Isartalverein. Bewegt durch Eingriffe in die Natur, die der Stromerzeugung und zunehmenden Industrialisierung dienten, wie das Stauwehr bei Höllriegelskreuth, stellte er zornig die Frage: „Was kann, was soll geschehen, um unseren Kindern wenigstens einen Teil des schönen Erbgutes ihrer Heimat zu retten, des Isartals?" Auf Seidls Initiative gründete sich der Isartalverein im Jahr 1902 im Münchner Künstlerhaus am Lenbachplatz. Der Verein besteht bis heute. Seine Aufgaben sind vielfältig. Nach und nach hat er ufernahe Grundstücke gekauft, um die Isarauen zu schützen. 100 Hektar Land sind bereits in seinem Besitz. Außerdem betreut der Verein ein verzweigtes Netz an Wander- und Radwegen, von der österreichischen Grenze bis einschließlich München, also exakt die Strecke (von den ersten Flusskilometern abgesehen), die wir in den letzten Tagen entlanggefahren sind. Hinzu kommen Publikationen, politische Aktionen und engagierte Stellungnahmen, wenn es um Baumaßnahmen im Isartal geht. Etwas delikat erscheint uns Seidls Entschluss gewesen zu sein, den Auftrag für das große Technikmuseum angenommen zu haben. Waren er und der Bauherr nicht prinzipiell gegensätzliche Naturen?

Mitten in der Isar: das Deutsche Museum

Oskar von Miller und das Deutsche Museum

Oskar von Miller. Den Mann darf man nicht unterschlagen, will man ein Buch über die Isar schreiben. Wie kaum ein Zweiter hat der Ingenieur das Gesicht der Isar geprägt. Er ist ein echter Münchner gewesen. Sein Vater war der Erzgießer Ferdinand von Miller, der wegen seiner Verdienste in den erblichen Adelsstand erhoben wurde, sein imposantestes Werk, die Bavaria, begrüßt heute noch jeden Oktoberfestbesucher persönlich. Ferdinands Sohn Oskar, 1855 geboren und in München-Neuhausen aufgewachsen, hatte das gleiche Tüchtigkeits-Gen geerbt. An der TU studierte er Bauingenieurswesen und trat dann in den Staatsdienst ein. Es war die Zeit der beginnenden technischen Revolution. Ungeahnte Möglichkeiten taten sich mit der Erfindung der Dampfmaschine und der Entdeckung des elektrischen Stroms auf. Über die Grenzen seines Fachgebiets hinaus vielfältig interessiert, bat Oskar von Miller 1881 um unbezahlten Sonderurlaub, um sich die Pariser Elektrizitätsausstellung anzusehen. Ein Erweckungserlebnis. Fortan ließ den jungen Ingenieur der Gedanke nicht mehr los, mit Hilfe des elektrischen Stroms das Leben der Menschen zu verbessern. Wie vielfältig ließ sich die Elektrizität einsetzen! Zum Antrieb von Motoren, zur Beleuchtung von Häusern und Straßen, für Eisenbahnen und Straßenbahnen, zum Kochen und Heizen. Strom zu erzeugen war dabei nicht das Problem. Generatoren gab es bereits. Das Problem war der Transport des Stroms. Bislang war dies nur über kurze Entfernungen möglich. Wenn man es schaffte, den Beweis zu erbringen, dass Strom über weite Strecken transportiert werden, ja, ein ganzes Land versorgen könnte! In der Theorie funktionierte das bereits, aber in der Praxis?

1882 organisierte Miller die erste elektrotechnische Ausstellung in Deutschland. Hauptattraktion des Münchner Glaspalastes sollte ein künstlicher Wasserfall werden, dessen Pumpe Strom von einem in Miesbach betriebenen Generator bezog, wozu man eine 60 km lange Leitung an bereits bestehende Telegrafenstangen hängte. Am späten Abend fand die Generalprobe statt, ohne Beteiligung der Öffentlichkeit, denn man wollte sich nicht blamieren. Miller gab per Morsezeichen den Startbefehl nach Miesbach, der dortige Generator wurde angeworfen und wenig später sprudelte zur allgemeinen Begeisterung der Wasserfall.

Der Beweis war erbracht. Strom ließ sich problemlos und ohne große Leistungsverluste über weite Entfernungen transportieren. Wie aber konnte es gelingen, genügend Strom für die Bevölkerung zu produzieren? Hierfür sah Miller nur eine Möglichkeit: die Wasserkraft. Bayern war ein wasserreiches Land, schickten doch die Alpen die wildesten Flüsse zu Tal, allen voran die Isar. Deren Wasser in den Walchensee umzuleiten, die Schaffung des größten Bypasses des Freistaats, das ist Millers Werk. Der tüchtige Ingenieur war es auch, der das Bayernwerk gründete, die Basis für eine flächendeckende Stromversorgung. Dabei ging es ihm nicht um Profit, nicht um persönliche Bereicherung. Ihm ging es allein darum, seinen Beitrag für den allgemeinen Wohlstand des Volkes zu leisten, weshalb er von vielen, mal anerkennend, mal spöttisch, als Sozialist bezeichnet wurde. Edle Motive waren es auch, die zum Bau des Deutschen Museums führten. Miller wollte der breiten Bevölkerung demonstrieren, wie sich die moderne Technik entwickelt hatte und welche Möglichkeiten noch in ihr steckten.

Unermüdlich warb er für seine Idee, begeisterte andere Techniker und Wissenschaftler wie Rudolf Diesel oder Carl Linde, den Kältespezialisten, sammelte Objekte, überzeugte Stadt und Land und sogar den deutschen Kaiser. So entstand es, das Haus auf der Isarinsel, der größte Experimentierkasten der Welt. Miller war es wichtig, dass alles anschaulich war, dass die Besucher selbst experimentieren konnten. Niemand sollte gähnen, niemand sich langweilen. Besonders die Jugend wollte er für Wissenschaft und Technik begeistern – sein Museum tut dies bis heute.

Oskar von Miller, der große Menschenfreund, soll gelegentlich etwas ruppig gewesen sein, nicht untypisch für einen typischen Münchner. Über seinen autoritären Charakter aber konnte er sich selbst lustig machen. Als Inschrift prangt im Deutschen Museum sein Satz: „In diesem Haus darf jeder machen, was ich will." Um etwas Großes zu schaffen, braucht es vermutlich neben Herz und Verstand noch etwas Drittes: einen echten Dickschädel.

Die Museumsinsel wird von der wuchtigen Ludwigsbrücke überspannt. Unter allen Isarbrücken ist sie eine der wichtigsten. Doch Brücken sind nicht nur mächtige Bauwerke, sie sind selbst ein Mittel der Macht. Ein breiter Fluss wie die Isar zerschneidet das Land in zwei Hälften, zerschneidet auch wichtige Handelswege. Nur über Brücken kommt man sicher hinüber. Wer sie beherrscht, der beherrscht den Handel, der kann mit erhobenen Zöllen reich werden.

Reich werden wollte auch Heinrich der Löwe, der Welfe, dem weite Teile des Bayernlandes als Lehen zugefallen waren. Der Freisinger Fürstbischof war ihm ein Dorn im Auge, denn der profitable Handel mit dem Salz, dem weißen Gold aus Berchtesgaden, lief über dessen Brücke in Oberföhring. Kurzerhand befahl Heinrich, die bischöfliche Brücke abzureißen, und ließ stattdessen eine eigene Brücke bauen, in der Nähe eines kleinen Dorfes namens Munichen. Fortan ratterten dort die Kutschen mit dem Salz über die Isar und Heinrichs

Geldsäckel schwoll an. Der Freisinger Bischof Otto aber klagte gegen das Bubenstück, Kaiser Barbarossa musste sich mit der Sache befassen. Auf dem Augsburger Reichstag wurde entschieden: Heinrich darf seine Brücke behalten, muss aber ein Drittel der Einnahmen nach Freising abführen. Die am 14. Juni 1158 abgefasste Urkunde, „Augsburger Schied" genannt, gilt als Stadtgründungsurkunde Münchens, weil „Munichen" zum ersten Male urkundlich erwähnt wurde.

Von solchen Zufällen hängt Geschichte manchmal ab. Hätte Heinrich seine Brücke ein wenig weiter südlich errichtet, hieße die bayerische Landeshauptstadt nun Giesing, und München wäre nur ein kleiner, eingemeindeter Vorort. Wie würde das die Löwen freuen!

Zu Heinrichs Zeiten war die Münchner Isarbrücke die einzige zwischen Freising und Bad Tölz. Wer Umwege scheute, musste sich eine Furt suchen oder mit einem Fährmann übersetzen – gefährliche Abenteuer bei einem Wildwasser wie der Isar. Auch die Brücken waren vor ihren Gewalten nicht sicher. Wie oft mag die Münchner Brücke eingestürzt sein? Die heutige Museumsinsel existierte damals noch nicht, man musste zahllose Holzpfeiler im Flussbett versenken, die Isar bettete sich gerne immer wieder um.

Im 15. Jh. ließ man ein kleines Torhaus errichten, in dem der Brückenwächter wohnte, zwischen 1517 und 1519 wurde zudem der Rote Turm errichtet, um die Brücke verteidigen zu können. Angeschwemmter Kies ließ zu Beginn des 18. Jhs. eine Insel wachsen. Der Fluss teilte sich nun in die Große und die Kleine Isar. Man entschied sich für den Bau einer steinernen Brücke. Doch auch Steine garantieren keine endgültige Sicherheit. Im September 1813 kam es zu einem starken Hochwasser, schaulustige Münchner eilten herbei, das Spektakel zu erleben, als ein unterspülter Brückenpfeiler nachgab. Hundert Menschen stürzten in die Isar und ertranken. Leo von Klenze, der Chefarchitekt des Königs, entwarf ein prächtiges neues Bauwerk, das 1828 eingeweiht und dem König zu Ehren Ludwigsbrücke getauft wurde. Die heutige Brücke ist allerdings neueren Datums. Sie wurde 1935 errichtet und mit ihrer rustikalen Optik an die Bauten des Deutschen Museums angepasst.

Auf dem nördlichen Teil der Museumsinsel steht ein kolossaler Brunnen. Wir lesen die Inschrift und wunderen uns. Vater-Rhein-Brunnen? Auf einer Isarinsel? Was hat Vater Rhein denn hier verloren? Nicht lange gerätselt, wozu gibt es Wikipedia: Vater Rhein hat ursprünglich in Straßburg gestanden, am Broglieplatz, wo er 1903 zu sprudeln begonnen hatte. Als das Elsass nach dem Ersten Weltkrieg an die Franzosen fiel, kaufte ihnen die Stadt München den Brunnen ab und stellte ihn auf die Isarinsel. Ob es Vater Rhein hier gefällt? Keinen Tropfen sendet die Isar doch dem Rheine zu.

Selbst wenn man eher ein Freund der schönen Künste ist, kann sich ein Besuch des Deutschen Museums lohnen. Nicht zuletzt, um eine Violine von Matthias Klotz zu bestaunen – Sie erinnern sich? Stattdessen kann man sich natürlich auch in der Städtischen Musikinstrumentensammlung umsehen. Dort findet sich ein weiteres Streichinstrument aus der Hand des Mittenwalder Instrumentenbauers, eine Viola d'amore, wie man sie zur Zeit Vivaldis und Bachs liebte. Welch melancholisch süßer Klang! Und auch optisch macht sie was her: Perlmutteinlage, Elfenbeinflödel, der pausbackige Puttenkopf, in den der Wirbelkasten ausläuft. Augen und Flügel hat ihm der Meister allerdings verbunden. Warum wohl?

Schöner baden: Müllersches Volksbad

Die Praterinsel und das Maximilianeum

Gleich hinter der Museumsinsel folgt eine ebenso große Isarinsel. Zum Prater? Da muss man nicht extra nach Wien! Den Prater gibt es auch mitten in München, mitten in der Isar. Als ein Wirt auf die findige Idee kam, neben seinem Biergarten ein Karussell aufzustellen, war der Name geboren. Der Wirt hieß Anton Gruber, seit 1810 ist die Bebauung der Praterinsel aktenkundig. Franziskanermönche hatten zuvor einen Garten hier angelegt, gerne sollen die Münchner auf dem lauschigen Inselchen lustgewandelt sein.

Obwohl, von einem Inselchen zu sprechen, ist vielleicht etwas ungerecht. Immerhin misst die Praterinsel einen stolzen halben Kilometer, manche Hallig ist kleiner. Heute spazieren nur noch wenige über die Praterinsel. Schuld am Verlust ihrer Attraktivität ist das schlossartige Gebäude im Neorenaissancestil auf dem Hochufer, das Maximilianeum, welches König Max II. im Jahr 1857 durch Friedrich Bürklein errichten ließ, „zur Hebung des monarchistischen nationalen Volksgeistes“. Sie wollten auch immer schon in einem Schloss wohnen? Kein Problem. Dafür müssen Sie nur das bayerische Abitur bestehen, und zwar mit einer glatten Eins. An die 400 Schüler schaffen das jedes Jahr. Wenn Sie jetzt noch die Prüfung für das Stipendium nach dem Bayerischen Eliteförderungsgesetz und die Sonderprüfung im Bayerischen Kultusministerium bestehen, dann gehören sie zu der Handvoll Glücklichen, die in das geräumigste Münchner Studentenwohnheim einziehen dürfen. – Sie kommen aus der Pfalz oder dem Saarland? Auch dann dürfen Sie sich Hoffnungen machen! Die alten bayerischen Stammesgebiete werden nicht vergessen.

Doch zurück zur Praterinsel. Warum ist das Maximilianeum schuld an ihrem Bedeutungsverlust? Ganz einfach: Weil die Stipendiaten doch zur Uni mussten! Das aber geht nur über eine Brücke, und diese nutzt als Pfeiler die Praterinsel. Wer aber, außer den Studenten, feiert schon gerne unter Brücken? Wohl kaum die Abgeordneten des Bayerischen Landtags, die seit 1949 im Maximilianeum tagen, quasi zur Hebung des demokratischen Volksgeistes.

Um Bürklins architektonische Leistung richtig zu würdigen, lohnt sich ein kleiner Abstecher die Maximilianstraße rauf und runter. Das Maximilianeum ist ja nur der krönende Abschluss des prächtigen Straßenzugs, vielleicht des schönsten, der die Isar quert. Wie Bürklin durch die Vermischung englischer Gotik mit Elementen der Renaissance und des Klassizismus einen gänzlich neuen Stil geschaffen hat, den Maximilianstil, das ist schon ganz große Kunst. Sehr zurecht hat der Landtag seine westliche Eingangshalle nun nach Bürklin benannt und eine Wandtafel zu Ehren des Architekten angebracht.

Durch einen grünen namenlosen Park geht's flott die Isar hinunter. Schon bald haben wir die nächste Brücke erreicht, die wir nicht achtlos unterqueren, findet sich doch oben ein gefiederter Götterbote, der bewundert werden will.

Der Friedensengel

Ist er nicht hübsch? Und noch dazu hübsch platziert? Auf einer schlanken Säule, hoch über dem Isarufer glänzt er in der Sonne, der Friedensengel. Gegen einen solchen ist natürlich nichts einzuwenden, wenn man sich aber die Porträts an dem kleinen dazugehörigen Tempel besieht, wird man dennoch misstrauisch. Kaiser Wilhelm eins und zwei? Bismarck? Dazu Moltke, von Roon, von der Tann? Was haben diese Herren denn an einem Friedensmonument zu schaffen? Ihre Namen verbindet man doch eher mit dem Krieg.

Dialektik der Erinnerung: Als man 1896 den Grundstein für das Fundamten des Friedensengels legte, war der Deutsch-Französische Krieg von 1870/71 gerade 25 Jahre vorbei. Ein Vierteljahrhundert ohne Krieg, das war eine Sensation, das musste gefeiert werden, daher die Idee, einen Friedensengel über den Münchner Himmel fliegen zu lassen. Leider schaffte es der golden geflügelte Bote keine weiteren 25 Jahre, den Krieg zu wehren. 1914 rief man bereits wieder zu den Waffen, auch in München, und auch dort mit patriotischer Begeisterung, selbst Thomas Mann, nun im Münchner Isartal zuhause, fühlte eine gehobene Stimmung.

Maximiliansbrücke mit Maximilianeum

Vielleicht würde der Friedensengel selbst seine Mission keineswegs als gescheitert ansehen, sondern auf ein Missverständnis hinweisen, stellt er doch Nike dar, die Siegesgöttin, die einst Göttervater Zeus im Kampf gegen die Titanen tapfer beiseite stand. Der Krieg ist Nikes Element, der Sieg ihr Triumph: „Viktoria!" Und so ergeben denn auch wieder die Porträts der Kriegshelden auf dem Tempelchen ihren Sinn. Was taugt denn ein Frieden, dem kein ordentlicher Krieg vorausgegangen ist?

Pfeilgrad geht es nun über die Prinzregentenbrücke zur Prinzregentenstraße, als uns an einer Ampel ein junger Mann im Neoprenanzug über den Weg läuft, der ein Surfbrett unter dem Arm trägt. Wo kommt der denn her? Oder wo will er hin?

Dem Kriege geweiht, den Frieden begrüßend

Am Eisbach

Wenn Sie einen der zahlreichen jungen Touristen fragen, an welchem Fluss München liegt, so kann es sein, dass seine Augen zu leuchten beginnen und er Ihnen antwortet: „Na, am Eisbach, natürlich!“ Der Eisbach zieht sie magisch an, die Freunde des Wellenreitens. Wo gibt es schon eine solch schöne Welle wie hier? Noch dazu eine, auf die man nicht warten muss, die sich nicht ständig verändert. So groß und gewaltig die Wellen an den Stränden von Hawaii auch sein mögen, die Eisbachwelle bleibt Kult. Zwar ist die stehende Welle nur knapp einen halben Meter hoch, dennoch ist sie eine große sportliche Herausforderung. Und nicht ungefährlich: Direkt hinter ihr liegen mehrere Reihen von Steinquadern unter der Wasseroberfläche. Wer dort unglücklich aufschlägt, dem droht ernste Gefahr!

So erging es auch einem jungen Mann im September 2013. Sei es, dass er keine Lust hatte, sich tagsüber an der beliebten Welle anzustellen, sei es, dass er das Besondere liebte: Viel größer als im hellen Sonnenschein ist doch der Kick, die Welle nachts zu reiten. Weil der Generator mit der Flutlichtanlage noch nicht bereitstand, klemmte man kurzerhand eine Fahrradlampe ans Geländer. Ob es am funzligen Licht gelegen hat? Beim Ritt über die schwarze Welle verlor der junge Mann plötzlich das Gleichgewicht und stürzte in das wilde Wasser, wobei ihm sein Surfbrett noch unglücklich an den Kopf knallte.

Wilde Wellenreiter auf dem Eisbach

Vielleicht stieß er sich obendrein noch an den Steinquadern, jedenfalls tauchte er nicht mehr auf, sondern trieb unter Wasser den Eisbach entlang. Durch Schreie eines Zeugen wurde ein Bekannter auf den Unfall aufmerksam, sah das herrenlos treibende Surfbrett und stürzte sich augenblicklich hinterher. Ihm gelang es noch, den Bewusstlosen zu fassen, er konnte ihn jedoch nicht ans Ufer ziehen, trieb mit ihm weiter, ließ ihn nicht los, versuchte, sich irgendwo festzuhalten, endlich eine Wurzel, Grund unter den Füßen. In letzter Sekunde wuchtete er den regungslosen Kameraden an Land, dann rief er laut um Hilfe. Zwei zufällig vorbeikommende Spaziergänger alarmierten den Notarzt. Die Rettungskräfte brachten den Verunglückten in die Klinik, wo er ins künstliche Koma gelegt wurde. Glück? Ein Wunder? Schon bald erwachte der Nachtsurfer wieder, konnte seinen Freunden melden: „Soweit alles gut!"

München liegt am Eisbach? Lächeln Sie nicht, wenn Sie diese Ortsangabe hören. Der Eisbach ist nichts anderes als ein Teil der Isar. Vielfach wurden die Wasser der Isar im Münchner Stadtgebiet angezapft und abgeleitet, zur Wasserversorgung etwa oder um Mühlen anzutreiben. Und eben auch, um den Englischen Garten mit Bächen zu bereichern. Der Eisbach ist wohl der bekannteste. Nicht nur die Surfer lieben ihn, beliebt ist er auch bei den Wasserratten, die sich in seinen Fluten treiben lassen. Auf diese Weise erfrischt, steigt man kurz vor der Tivolibrücke wieder aus, geht zur nahen Trambahnhaltestellte und lässt sich bis zur Haltestelle Paradiesstraße fahren, um dort wieder in den Eisbach zu tauchen. Die Münchner Verkehrsgesellschaft (MVG) hat nichts dagegen, solange man sich nicht hinsetzt und solange man mit gültigem Fahrschein unterwegs ist. (Tipps, wie und wo man im Bikini Kleingeld versteckt, geben die anderen Badenixen gerne.)

Gleich beim Eisbach liegt das Haus der Kunst, jener massive Kasten, in dem der größenwahnsinnige Postkartenmaler aus Braunau der Welt die wahre deutsche Kunst zeigen wollte. Ein Ausstellungsplakat weist auf die Sammlung Goetz hin. Ingvild Goetz ist eine der renommiertesten deutschen Kunstsammlerinnen. Mit großem Kunstverstand und Offenheit für alles Neue ist es der Galeristin gelungen, eine der bedeutendsten Sammlungen der Moderne aufzubauen. Glücksfall für Bayern: Sie schenkte ihre Kunst dem Land, das die Sammlung unter anderem im Haus der Kunst präsentiert. Frau Goetz hat sich anderen Aufgaben zugewandt: Hilfe für Flüchtlinge und magersüchtige Mädchen. Respekt! Und eine hübsche Rache an den Nazis, dass Kunst, die Hitler als entartet gebrandmarkt hätte, in diesem Haus gezeigt wird.

Geärgert hätte sich Hitler bestimmt auch über eine andere Nutzung des Gebäudes. Im Untergeschoss im Haus der Kunst residiert die vielleicht bekannteste Disco des Isarlandes. Als hier noch die Nachkriegsamis abfeierten, zum Ingrimm der Ewiggestrigen, lautete die Postadresse „Prinzregentenstraße 1", abgekürzt P1. „In ist, wer drin ist", lautet das Motto der Schickeria. Das Beste am P1 ist dabei das Klo: Männer können endlich einmal hemmungslos gegen Baumstämme pinkeln und die Damen sich durch ein kleines Schiebefensterchen den neuesten Tratsch zuflüstern. Oder den Lippenstift austauschen. Bei der Musik allerdings achtet man auf Etikette. Einmal hing ein Schild am Pult von DJ Scream: „Musikwunsch: 150 Euro, schlechter Musikwunsch: 300 Euro, ‚Atemlos' von Helene Fischer 1.500 Euro."

„Atemlos durch die Nacht ..." Die Sehnsucht nach einem Ort der wahren Freuden wächst und wird schon bald auf das Schönste erfüllt.

Der Englische Garten

Von allen Parkanlagen entlang der Isar ist diese sicher die schönste: der Englische Garten in München. Wie ein grüner Keil drängt er sich bis nahe an das Stadtzentrum heran, versorgt die Stadt mit frischer Luft und die Menschen mit paradiesischen Wegen zum Flanieren. Und flanieren tut der Münchner gerne, er ist von seiner Natur ganz Privatmann, der vielleicht nördlichste Italiener, dem nichts besser gefällt als das Dolcefarniente, das süße Nichtstun. Und die schönste Bühne für diese gelebte Untätigkeit ist der Englische Garten.

Diesen Park verdankt München einer weisen und vorausschauenden Stadtplanung. Kurfürst Karl Theodor, der aus der Pfalz stammte

und zunächst wenig mit seinem bayerischen Erbe und der Stadt München anzufangen wusste, ordnete am 13. August 1789 an, das Gebiet östlich der Militärgärten in einen Volkspark umzuwandeln. 1789, da klingeln manchem Historiker die Ohren. Richtig, in Paris war die Revolution ausgebrochen. Um eine solche zu vermeiden, schien es aufgeklärten Herrschern geraten, dem Volk etwas zu bieten. Wenn die Bürger durch einen Park schlendern konnten, würden sie nicht auf dumme Gedanken kommen. Mit solchen Volksparks aber hatte man in Europa noch keinerlei Erfahrung, wer sollte ein solches Projekt leiten? Karl Theodor entschied sich für den Mann, der ihm den Vorschlag gemacht hatte, für Benjamin Thompson, vor dessen Denkmal wir jetzt stehen, am Südende des Parks. Wer war dieser Mann?

Benjamin Thompson

Im März 1753 geboren, wuchs Benjamin Thompson als Sohn eines kleinen Bauern in Woburn auf, im heutigen US-Staat Massachusetts. Die amerikanischen Staaten waren noch englische Kolonien und sie wären es auch geblieben, wenn es nach Thompson gegangen wäre. Als die Amerikaner das Joch der englischen Bevormundung abschütteln wollten und zu den Waffen griffen, meldete sich der junge Thompson bei der englischen Kolonialarmee. Darauf bekam er große Schwierigkeiten mit seinen Landsleuten, musste sogar einen Prozess wegen des Vorwurfs des Landesverrats überstehen.

Thompson ging nach England. Naturwissenschaftlich interessiert, machte sich der Amerikaner daran, die Sprengkraft des Schießpulvers zu verbessern, ebenso die Kommunikation zwischen den Schiffen. 1780 wurde er zum Staatssekretär für die amerikanischen Kolonien ernannt. Als der Unabhängigkeitskrieg ausbrach, setzte er wieder nach Amerika über und stellte in New York eine Kavallerieeinheit auf. Auch Thompson aber konnte die Niederlage Englands nicht verhindern. Enttäuscht kehrte er nach London zurück, wo er wegen seiner

◀ *Die Isar im Englischen Garten*

Verdienste von König George III. zum Ritter geschlagen wurde und sich nun Graf von Rumford nennen durfte. Um dennoch militärisch Karriere machen zu können, beschloss er, sich bei den Österreichern zu melden, um gegen die Türken zu kämpfen. Bei einem Reiseaufenthalt in Straßburg aber machte er die Bekanntschaft eines Neffen des bayerischen Kurfürsten Karl Theodor, der ihn nach München lockte, die bayerische Armee zu reformieren. Diese muss sich in einem desolaten Zustand befunden haben.

Thompson kümmerte sich nicht nur um eine verbesserte Ausbildung, er nahm sich zugleich der Lebensbedingungen der Soldaten an. Gemüsegärten bei den Kasernen, Schulen für Soldatenkinder, sogar ein sättigender Eintopf ist ihm zu verdanken, die nach ihm benannte Rumfordsuppe. Außerdem entwickelte er warme Unterhosen für kalte Wintertage. Überhaupt die Wärme: Sie wurde zu seinem Spezialgebiet, seine theoretischen Abhandlungen darüber zu Meilensteinen der Physik. Bislang hatte man angenommen, die Wärme sei ein Stoff, der im Material gebunden sei. Thompson bewies, dass Wärme kein Stoff ist, sondern reine Energie.

Energie besaß er selbst im hohen Maße, und zwar in allen Lebensbereichen. Die Frauenherzen flogen dem charmanten Amerikaner wie von alleine zu, aber auch die Herzen der armen Münchner, für die er sich ebenfalls einsetzte, denen er Arbeit und Brot vermittelte und Unterkünfte bauen ließ. Sein größtes Geschenk an die Stadt aber war der Englische Garten. Nicht nur die Idee stammt von ihm, auch die Durchführung. Zusammen mit dem schwäbischen Gärtner Ludwig von Sckell entwarf er eine kühne Anlage im neuen, im englischen Stil. Die Zeit barocker Gärten war passé. Thompson und Sckell hatten andere Ideen: Naturnahe Landschaften, weite Rasenflächen, lichte Baumgruppen, Bächlein und Seen sollen den städtischen Besucher ins Lichte und Weite führen. Auf verschlungenen Wegen und Pfaden soll er sich verlieren und zerstreuen. Einzelne Bauten wie der Monopteros, ein Amphitheater oder der Chinesische Turm entführen den Spaziergänger in fremde Kulturen und dadurch hinaus aus seiner Alltagswelt. Auch das leibliche Wohl kommt nicht zu kurz, lauschige Biergärten laden zum Verweilen ein.

Denkmal im Englischen Garten für Benjamin Thompson, Schöpfer desselben

1799 ging Thompson zurück nach London, als Gesandter Bayerns. In den letzten Lebensjahren widmete er sich wieder den Wissenschaften, auch in Frankreich, wohin er 1802 zog. Seinem Spezialgebiet, der Wärme und deren Nutzanwendungen, blieb er treu. Unter anderem erfand er einen energiesparen Herd und eine Kaffeemaschine, entdeckte das Niedertemperaturgaren, verbesserte Kamine und Lampen. Es erscheint fast als Fügung des Schicksals, dass der heißblütige Amerikaner an einem plötzlichen Fieberanfall starb.

Der größte Park der Welt im englischen Stil liegt an der Isar. So paradiesisch ist seine Atmosphäre, dass es mancher Besucher Adam und Eva gleichtun will und sich seiner Kleider entledigt. Die Nackerten vom Englischen Garten sind eine internationale Touristenattraktion, so etwas findet sich weder in Tokio noch in New York, Paris oder London. Was allerdings nicht in den Touristenführern steht: Die Münchner Nackerten sind in die Jahre gekommen. Was in den wilden Siebzigern noch knackig-junge Körper waren, kommt heute etwas faltig und meist altmännerlich daher. Anfangs sind die Proteste gewaltig gewesen, Sodom und Gomorra sah man kommen, den Verfall der Sitten. Dabei prangerte man nicht den friedlich auf dem Bauch liegenden Nudisten an, sondern den Aufstehenden, wegen der „schleudernden Penisse“. Die Gemüter beruhigten sich wieder, man fand Kompromisse und Reservate für die Nackerten.

Aber nun wieder hübsch geradeaus geschaut. Ist der Monopteros gelungener oder der Chinesische Turm? Oder speist sich der Zauber aus der Kombination grüner Rasenflächen, kleiner Wäldchen und rauschender Isarbäche?

Wir radeln weiter zum Kleinhesseloher See, der ebenfalls von Isarwasser gespeist wird, lassen uns auf eine Parkbank fallen und schauen über das Grün zu den Türmen der Stadt und nach Schwabing hinüber. Dem größten Fußballspieler und dem größten Humoristen sind wir begegnet, wer aber mag der mutigste Mensch gewesen sein, der in München gelebt hat?

Die weiße Rose

„Der Tag der Abrechnung ist gekommen, der Abrechnung der deutschen Jugend mit der verabscheuungswürdigsten Tyrannis, die unser Volk je erduldet hat. Im Namen der ganzen deutschen Jugend fordern wir vom Staat Adolf Hitlers die persönliche Freiheit, das kostbarste Gut der Deutschen zurück, um das er uns in der erbärmlichsten Weise betrogen hat."

18. Februar 1943, elf Uhr morgens. Hans und Sophie Scholl, die jungen Studierenden, betreten das Hauptgebäude der Universität, in der Hand einen Koffer, darinnen: Abzüge des sechsten Flugblatts. Diesmal hat es Professor Huber entworfen, ein flammender Text gegen die Nationalsozialisten. In der Halle und in den Gängen ist kein Mensch zu sehen, alle sind sie noch in der Vorlesung, die in wenigen Minuten zu Ende geht. Jetzt muss alles ganz schnell gehen. Sie öffnen den Koffer und greifen nach den Flugblättern, verteilen sie auf den Treppenstufen und den Fenstersimsen. Nun rasch wieder raus hier! Doch zurück im Freien vor dem Schalenbrunnen stellen sie fest, dass sich im Koffer noch Flugblätter befinden! Was tun? Nicht lange gezögert, schnell wieder hinein in das Gebäude, die Treppen hinauf und den Rest über die Brüstung in den Lichthof gekippt. In wirbelndem Durcheinander schweben die Blätter zur Erde hinab. Gerade wollen sie sich wieder davonmachen, da ertönt eine laute Stimme: „Stehen bleiben, Sie sind verhaftet!"

22. Februar 1943, nur vier Tage später. Justizpalast. Volksgerichtsprozess. Das Urteil: Tod durch das Fallbeil. Die Hinrichtung von Hans und Sophie Scholl sowie ihres Freundes und Mitstreiters Christoph Probst erfolgt noch am selben Tage.

Ja, sie waren sicherlich unter den größten Helden, die im Isartal ihr Leben gelassen haben, Hans und Sophie Scholl und die anderen Mitglieder der Weißen Rose. Ihre Gräber finden sich auf dem Friedhof am Perlacher Forst. Interessant und entlarvend, wie Teile der Münchner Bevölkerung auf die Todesnachricht der mutigen jungen Leute reagiert haben. Kurz darauf erschien folgende Pressenotiz in den „Münchner Neueste Nachrichten“: „Willi Scholl, der Geschäftsführer der süddeutschen Grundbesitz- und Hausbaugesellschaft, legt auf die Feststellung Wert, dass er und seine Familie mit den vom Sondergericht verurteilten Geschwistern Scholl weder verwandt noch bekannt sind. – Um die gleiche Feststellung wird unsere Zeitung auch von den deutschen Scholl-Werken (Fußpflegesystem) gebeten.“ Das Geschäft könnte ja Schaden nehmen. Wer cremt sich seine Füße schon mit Salben ein, die von Feinden des Regimes hergestellt werden?

Opfer der Nazis wurde auch Thomas Mann, dessen Villa an der Poschinger Straße sich in unmittelbarer Isarnähe im Stadtteil Bogenhausen befand. Im Krieg zerstört, steht heute an ihrer Stelle ein dem Original nahekommender Nachbau. Mit seinem Tölzer Hund Bauschan unterwegs, beschreibt uns Thomas Mann in „Herr und Hund“ den Meerersatz Isar: „Das ist nun die Zone des Flusses, er selbst liegt vor uns, grün und in weißem Brausen, er ist im Grunde nichts als ein großer Gießbach aus den Bergen, aber sein immerwährendes Geräusch, das mehr oder weniger gedämpft überall in der Gegend zu hören ist, hier aber frei waltend das Ohr erfüllt, kann wohl Ersatz bieten für den heiligen Anprall des Meeres, wenn man dieses nun einmal nicht haben kann.“

Auf der Höhe des Englischen Gartens erhält die Isar wieder einen Begleiter, den Mittleren Isarkanal. Quert man den Fluss bei einer großen Wehranlage, grüßt am Wege bald ein frommer Mann. Wie sein Mönchsgewand, so ist auch er ganz aus Bronze, der hl. Emmeram. Von seinem wundersamen Leben wissen wir durch Arbeo, den Abt, der uns im Klaiser Kloster Scharnitz begegnet ist, den frühen Freisinger Bischof, Sie erinnern sich, den ersten deutschen Schriftsteller. Arbeo hat neben der Lebensbeschreibung von Korbinian um das Jahr 750 herum auch eine Biografie des hl. Emmeram verfasst, gut 100 Jahre nach dessen Tod. In dieser Biografie spielt auch die Isar keine unwichtige Rolle, deshalb soll hier davon erzählt werden.

Der hl. Emmeram

Emmeram war ein Wandermönch. Er stammte aus dem westlichen Frankenreich, aus Poitiers, wo das Christentum schon früh Fuß gefasst hatte. Ganz anders im Land der Bajuwaren. Manch bayerischer Dickschädel wollte partout nicht vom Glauben seiner Väter lassen. Da Emmeram eine große Überzeugungskraft besessen hat und er als Wandermönch überdies über stramme Waden verfügte, wurde er nach Regensburg geschickt, wo der bayerische Herzog Theodo I. seinen Regierungssitz hatte.

Theodo war hoch erfreut, den frommen Gast zu sehen, und hieß ihn an seinem Hofe willkommen. Er hatte eine junge, noch unverheiratete Tochter namens Uta, die von großem Liebreiz war. Sie verliebte sich in den Sohn eines kleinen Beamten, und die Liebe blieb nicht ohne Folgen. Groß war das Erschrecken Utas, als sie bemerkte, wie ihr Bauch sich zu wölben begann. Niemals würde ihr Vater diese Beziehung akzeptieren, er würde in große Wut geraten und ihren Liebhaber hart bestrafen.

Was tun? In ihrer Not wandte sich Uta an Emmeram, ihren Beichtvater. Der sprach sie nicht nur von all ihren süßen Sünden frei, ihm fiel auch eine Lösung ein, das junge verliebte Paar vor der Wut des Herzogs zu schützen. Uta solle nur ganz getrost sein und ihrem Vater in ein paar Tagen erzählen, dass er, Emmeram, der Vater des Kindes sei. Er selbst wolle sich sofort auf eine Romreise begeben, um seine Sünden vor den Heiligen Vater zu tragen. So gewinne man Zeit, und wenn er aus Rom zurückkäme, sei aus dem Herzog längst ein stolzer Großvater geworden und aller Zorn verflogen. Gesagt, getan. Emmeram packte sein Bündel und begab sich auf Wanderschaft. Wenige Tage später beichtete Uta ihrem Vater die Schwangerschaft und nannte dem tobenden Herzog Emmeram als Vater. Uta aber hatte noch einen Bruder, Lantpert. Als dieser von der Geschichte erfuhr, schwang er sich unverzüglich aufs Pferd und ritt dem Wandermönch hinterher. Südöstlich von München, bei Kleinhelfendorf nahe Aying, holte er ihn ein. Er ließ den Mönch nackt auf eine Leiter binden und ihm bei lebendigem Leibe Körperteil für Körperteil abschlagen, zuletzt den Kopf.

Als Lantpert die Nachricht nach Regensburg brachte, brach Uta zusammen und beichtete ihrem Vater die Wahrheit. Tief betroffen bereute der Herzog die Tat, verbannte Lantpert und schickte seine Leute los, die sterblichen Überreste des Wandermönches einzusammeln, damit man ihn in Regensburg würdig bestatte. Man grub seine Körperteile wieder aus, sortierte sie und legte sie sorgfältig auf einem Floß zusammen, das man darauf vorsichtig in die nahe Isar schob. Auf diese Weise passierte Emmeram den Ort, an dem einige hundert Jahre später München entstehen sollte, trieb auch an Freising und Landshut vorbei, um schließlich die Donau zu erreichen. Und nun geschah ein Wunder. Statt weiter donauabwärts Richtung Passau zu schwappen, bewegte sich das Floß plötzlich flussaufwärts, trotzte den Donauwellen und erreichte Regensburg, wo man Emmeram feierlich und mit allen Ehren bestattete.

Flugblätter der Weißen Rose: Denkmal vor der Universität

Der hl. Emmeram: Standbild nahe der St.-Emmeram-Brücke

Ein toller Mann, denken wir uns beim Unterqueren der St.-Emmeram-Brücke. Manch einen katholischen Priester gibt es, der seinen eigenen Nachwuchs verleugnet oder verleugnen muss, Emmeram aber stand sogar für ein Kind ein, das nicht von ihm stammte. Schön, dass ihm die Münchner ein Denkmal gesetzt haben, auch wenn manche Forscher vermuten, das Motiv für seine Ermordung könnte anderer, nämlich politischer Natur gewesen sein. In einer Zeit erwachenden bayerischen Selbstbewusstseins habe man sich eines lästigen fränkischen Missionars entledigen wollen. Ob es so war?

Auch Emmerams Martyrium hatte man lange in den Bereich der Legende verwiesen, gerichtsmedizinische Untersuchungen seiner Knochen ergaben aber ganz zweifelsfrei: Man hatte ihn zerstückelt. Nicht nur Arme und Beine, auch die Nase hatte man ihm mutwillig abgeschlagen und wohl auch die Zunge, wie man aus der typischen Verletzung des Vordergebisses und des Unterkiefers ableiten konnte. Ja, ja, die guten alten Zeiten!

„Einmal München–Wien, zwei Erwachsene, drei Kinder!" – Es hat tatsächlich einmal eine Zeit gegeben, da konnte man eine Fahrt von München nach Wien über Isar und Donau buchen. Das „Ordinari", ein Reisefloß, legte ab 1623 ein- bis zweimal wöchentlich in München ab, eine Woche später war man in Wien. Drei Gulden kostete die Kreuzfahrt, Kinder fuhren umsonst mit. Das „Ordinari" sah aus wie eine bayerische Arche Noah, mit einem Holzhaus in der Mitte. Vielleicht ist es das einzige, was man heute auf der Isar vermisst: Schiffe und Boote.

Am Ende des Englischen Gartens, in dessen nördlichen Teil wir wieder eingetaucht sind, stellt sich uns ein großer Biergarten in den Weg, der „Aumeister". Weil es noch früh am Tag ist, trauen wir uns, mitten hindurchzufahren. Dass auch Thomas Mann hier hinausspaziert ist, beweist eine Passage im „Tod in Venedig": „Beim Aumeister, wohin stillere und stillere Wege ihn geführt, hatte Aschenbach eine kleine Weile den volkstümlich belebten Wirtsgarten überblickt, an dessen Rande einige Droschken und Equipagen hielten, hatte von dort bei sinkender Sonne seinen Heimweg außerhalb des Parks über die offene Flur genommen und erwartete, da er sich müde fühlte und über Föhring Gewitter drohte, am Nördlichen Friedhof die Tram, die ihn in gerader Linie zur Stadt zurückbringen sollte."

Unmittelbar angrenzend beginnt das Gelände des Bayerischen Rundfunks. Ein großes Plakat weist uns auf dessen erfolgreiche Daily-Soap „Dahoam is Dahoam" hin.

Ismaning

Auf dem Weg nach Norden erreichen wir Ismaning. Eine hohe, schlanke Sendeantenne ist das Wahrzeichen der Stadt. Von hier aus werden wichtige Programme ausgestrahlt, vom Bayerischen Rundfunk vor allem, analog und digital. Ismaning hat eine lange Fernmeldetradition, sie reicht bis in das Jahr 1932 zurück. An der Stelle der modernen Antenne stand bis 1983 noch ein hölzerner Sendeturm, der stark an den Eiffelturm erinnerte, der Letzte seiner Art in Deutschland. Sein Nachfolger übernahm nicht nur den Funk, er übernahm auch eine wichtige Erinnerungsfunktion, mahnt uns, eine der mutigsten Aktionen gegen das Naziregime nicht zu vergessen.

Die Freiheitsaktion Bayern

München, 28. April 1945, die Endphase des Hitlerregimes. Unerhört, was da im Radio zu hören ist. Viele Münchner Bürger glauben, ihren Ohren nicht zu trauen. „Achtung, Achtung! Sie hören den Sender der Freiheitsaktion Bayern! Beseitigt die Funktionäre der Nationalsozialistischen Partei. Die FAB hat heute Nacht die Regierungsgewalt erstritten."

Wenn das wahr ist! Wenn das stimmt, was im Radio zu hören ist, dann hat der Naziterror tatsächlich ein Ende. Dann besteht noch die Chance, dass München kampflos in die Hände der vorrückenden Amerikaner fällt, dass unnötiges Blutvergießen vermieden werden kann, der Straßenkampf, der unausweichlich erscheinende, vor dem sich alle fürchten.

Rupprecht Gerngross, Chef der Dolmetscher-Kompanie des Wehrkreises VII, München, Saar-Kaserne, ist ein Mann aus weltbürgerlichem Haus, der in China geboren ist, in London studiert hat. Der promovierte Jurist weiß zu genau, was passieren wird, wenn die „Goldfasane", wie die Wehrmachtssoldaten die gold-betressten Nazi-

Flößerwirtschaft „Zum Grünen Baum" bei der Unteren Floßlände in München. – Gemälde von Joseph Stephan, 1767

Funktionäre spöttisch nennen, das Sagen behalten, wenn sie München, die Hauptstadt der Bewegung, zu verteidigen suchen. Es gibt nur eine Möglichkeit, sie davon abzubringen. Hierzu muss man sich ihres mächtigsten Instruments bedienen: der Propaganda. Mühsam hat der Hauptmann versucht, Mitstreiter zu finden in den Reihen der Wehrmacht. Viele hatten den Kopf geschüttelt über eine solche Verrücktheit. Das war doch Verrat, das war Sabotage! Und außerdem hat man doch einen Eid geleistet, einen Eid auf den Führer. Jetzt noch sein Leben riskieren, wo alles zusammenbricht? Gerngross gibt nicht auf, lässt seine Truppe im Kasernenhof aufmarschieren, entbindet seine Leute von dem Führereid. Mit den zuverlässigsten Männern zieht er los nach Ismaning, zum Funkturm, besetzt mit einem Überraschungsmanöver den Reichssender und lässt verkünden, dass seine Freiheitsaktion Bayern nun die Macht übernommen hat: „Jagt die Nazis aus der Stadt!"

Ein Bluff. Ein gefährliches Spiel. Werden die Münchner ihm glauben, werden sie ihm folgen? Die Ansprache hören zufällig auch einige SS-Männer, die mehrere tausend KZ-Häftlinge von Dachau die Isar entlang Richtung Österreich treiben. Verwirrung bricht aus. Ist's nicht besser zu flüchten, sich rechtzeitig in Sicherheit zu bringen? Hals über Kopf machen sie sich aus dem Staub, überlassen die Häftlinge ihrem Schicksal, verhelfen ihnen unfreiwillig zur Freiheit. Die Gefangenen können sich verstecken, viele werden nur deshalb überlebt haben.

Gefräßiger Uferbaum in Ismaning

Und die anderen, die Nazis von München? Kochen vor Wut und schlagen grausam zurück. Überall macht man nun Jagd auf die Rebellen, Gauleiter Giester lässt die SS-Einheiten los, lässt den Radiosender wieder unter seine Kontrolle bringen. Viele von Gerngrossens Leuten werden auf der Flucht getötet, andere festgenommen, vor Schnellgerichte gestellt und erschossen. Ihm selbst aber gelingt die Flucht, er kann sich in die Berge, in eine Hütte retten.

Schloss Ismaning, heute das Rathaus der Gemeinde

1946. Der Krieg ist vorbei. München ist noch eine Trümmerlandschaft, als man zusammenkommt, einen zentralen Schwabinger Platz einen anderen Namen zu geben. Nicht mehr Feilitzschplatz soll er heißen, sondern Münchner Freiheit. Als Erinnerung an Rupprecht Gerngross und seine mutigen Männer, die im Kampf für die Befreiung Münchens ihr Leben ließen.

Wieder wird der Isaruferweg von dichten Bäumen gesäumt. Einer von ihnen bestätigt aufs Schönste, dass er in einem Landschaftsschutzgebiet steht, indem er sich das zugehörige Schild schon halb einverleibt hat.

Kurz darauf führt uns der Weg die Leite hinauf nach Ismaning. Eine quicklebendige Gemeinde, eine echte Medienhochburg. Vielleicht das Erbe des Funkturms? Antenne Bayern, Sport 1 und der Gong-Verlag sind hier zuhause. Schöne, alte Pfarrkirche St. Johann Baptist, ein schlichtes Schloss, einst von Napoleons Stiefsohn Eugen und dessen Frau, der bayerischen Königstochter Auguste Amalie, klassizistisch umgebaut, heute als Rathaus genutzt, schöne Parkanlage, der denkmalgeschützte Gasthof zur Mühle, schöner Biergarten mit schattenspendenden Baumgreisen.

Garching

Wir kreuzen die Isar. Auf ihrem westlichen Ufer, Ismaning schräg gegenüber, liegt Garching, die wohl einzige Stadt der Welt, die einen Atommeiler im Wappen führt. Auf Antrag des eigenen Gemeinderats. Auf der Suche nach dem Original-Ei erreichen wir einen futuristischen Campus.

Fausts Laboratorium der Neuzeit

Das Garchinger Atom-Ei diente nicht der Stromerzeugung, sondern der Wissenschaft. Der Forschungsreaktor wurde 1957 in Betrieb genommen. Auch wenn er längst stillgelegt ist, ist er noch immer das Wahrzeichen der High-Tech-Kommune. Nirgendwo anders wird am Isarufer so lebhaft technische Wissenschaft betrieben. Als Teil der renommierten TU München wurde Garching zur Hochschulstadt. Besonders die Neutronenquelle, Nachfolger des Atom-Eies, steht für physikalische Spitzenforschung.

Unglaublich, woran in der nicht einmal 20.000 Einwohner beheimatenden Stadt so alles getüftelt wird. Eine ganze Armee von Professoren, Studenten und Doktoranden erzeugt tiefste Temperaturen, beschleunigt Teilchen, blickt ins Weltall und erforscht seine Struktur, verbessert die Reaktorsicherheit, optimiert Halbleiter, züchtet Kristalle, bastelt an neuen Medizingeräten, nutzt eines der leitungsfähigsten Rechenzentren der Welt, jagt den Quanten hinterher, zerlegt das Plasma, schaut, „was die Welt im Innersten zusammenhält". Garching: Fausts Laboratorium der Neuzeit. Hoffen wir nur, dass man Mephisto Hausverbot erteilt hat.

Durch ausgedehnte Felder geht es zur Isar zurück, über eine Brücke und dann am östlichen Ufer weiter nach Norden. Am Wegrand ein hoher Quader aus Muschelkalk, ein Gedenkstein. Am 21. Mai 1907 ist auf dieser Höhe ein Floß verunglückt, vier Männer fanden dabei den Tod, der Gustl, der Toni, der Martin und der Franz. Zwei Schiffer und zwei Bauamtsmänner, Letztere königlich-bayerisch und im Dienst ertrunken, deshalb der königlich-bayerische Gedenkstein.

Durchs Freisinger Moos

„Oh schaurig ist's durch das Moor zu fahrn ..." Südwestlich von Freising breitet sich eines der größten Niedermoorgebiete Bayerns aus. Die Münchner Schotterebene wird hier dünner und dünner, das Grundwasser findet viele Wege, an die Oberfläche zu treten, durchfeuchtet die Erde und lässt Sumpfpflanzen gedeihen. Am östlichen Isarufer schließt sich das Erdinger Moos an, das man aber größtenteils trockengelegt hat, damit die landenden Flugzeuge nicht im Schlamm versinken. Immer wieder braust uns eine der riesigen Maschinen über die Köpfe. Wegen einer dritten Startbahn liegen sich Anrainer und Betreiber in den Haaren.

Eindeutige Zeichen: Der Biber ist zurück!

Ziemlich trockengelegt hat man auch die Isar, der man mit dem Mittlere-Isar-Kanal das Wasser abgegraben hat. Durch die Eindämmung des Flusses in diesem Abschnitt und den fehlenden Kiesnachschub hat sich die Isar immer tiefer eingegraben, hat den Grundwasserspiegel gesenkt und damit auch den Auwald verändert, der uns begleitet. Früher wurden die Ufer regelmäßig überschwemmt. Wie in Floridas Everglades muss man sich hier einst gefühlt haben, ein verwunschener Wald, der im Wasser steht.

Eine junge Weide direkt neben dem Radweg weist eine unnatürliche Taille auf. Wir halten an und besehen uns das Ganze aus der Nähe. Hell glänzt das nackte Holz, um den Stamm herum liegen frische Späne auf dem Boden. Kein Zweifel! Hier war Meister Biber am Werk. Nach über 100 Jahren hat er seinen Weg zurück zur Isar gefunden und fühlt sich in seiner alten Heimat offensichtlich wieder pudelwohl. Besonders in den dichten Auwäldern. Man schätzt, dass es allein im Landkreis Freising wieder bis zu 700 der fleißigen Nager gibt. Nicht jedem gefällt das. Der Biber fragt nicht danach, ob uns Menschen ein bestimmter Baum ans Herz gewachsen ist. Er folgt seinem Trieb und der sagt ihm: Nur ein gefällter Baum ist ein guter Baum. Er muss mit seinen Burgen das Wasser stauen, damit er ungefährdet hineintauchen kann. Hierdurch hat sich nachweislich die Zahl der Fischarten in den Isargewässern stark erhöht. Manchmal allerdings staut sich das Wasser in die Felder zurück, manchmal nascht der Biber unerlaubt auch an den Feldfrüchten. Wer will es ihm verdenken? Immer nur Holzstämme, das ist doch eine höchst einseitige Ernährung. Jeder Bibergeschädigte wird ohnehin voll entschädigt. Und wird ein Biber zum Problembiber, etwa weil er einen Bahndamm zum Einsturz bringt, darf er geschossen werden. Etwa 25 Freisinger Biber müssen im Jahr ihre Flosse strecken. Traurig. Auf der anderen Seite: So eine saftige Biberflosse, liebevoll in Olivenöl angebraten und dann mit einem guten Schuss Rotwein bei niedriger Temperatur gebraten, eine Köstlichkeit!

Selbst wenn alle Problembiber das Land unter Wasser setzen oder eine große Flut kommt – stets werden die beiden Hügel vor uns aus dem Wasser ragen, die beiden Erhebungen, denen Freising seine Existenz verdankt: der Domberg und der Weihenstephaner Berg. Beiden wollen wir einen Besuch abstatten, auch wenn wir dafür kräftig ins Schwitzen geraten.

Freising

Kultur first. Hinauf geht's einen engen gepflasterten Weg, wir entscheiden uns für's Schieben. Schon die Römer werden den Domberg genutzt haben. Auch wenn man bislang keinen römischen Suppentopf gefunden hat, ist doch zu vermuten, dass die Römer diesen stra-

Flieger über dem Freisinger Moos

tegisch wichtigen Ort an der Isar nicht unbesiedelt gelassen haben. Vielleicht steht der Dom ja jetzt dort, wo sich einst ein römisches Heiligtum befunden hat, vielleicht eines, das Minerva gewidmet war oder Juno, einer weiblichen Gottheit jedenfalls, weshalb man den christlichen Dom in femininer Tradition Maria geweiht hat. Römer oder nicht: Gesichert ist eine bronzezeitliche Siedlung auf dem Domberg.

Der zweite Patron des Domes ist ein alter Bekannter, Korbinian. Wir kennen seine Geschichte bereits vom Oberlauf der Isar, vom Kloster in Klais, Abt Arbeo, der älteste Schriftsteller deutscher Sprache, hat sie erzählt. Sie erinnern sich doch an den Mann, dessen Maultier ein Bär gefressen hat? Der Maultier-Ersatz-Bär ist Korbinians Erkennungszeichen, auch das Freisinger Stadtwappen schmückt sich mit ihm. Zudem sieht man moderne, fantasievoll bemalte Plastikvarianten überall in dem hübschen Städtchen. Wohl um keinen Ärger mit Berlin zu bekommen, hat man sich klugerweise für ein anderes Bärenmodell entschieden.

Der Freisinger Dom ist alt, sehr alt. Schon 715 soll hier eine Kirche gestanden haben, die 739 von Bonifatius zum Dom erhoben wurde. Abgebrannt, aufgebaut, abgebrannt. Die dritte Kathedrale, die wir heute noch bewundern dürfen, wurde ab 1159 errichtet, im damals üblichen schlicht-romanischen Stil. Die Fassade ist völlig frei von Dekoration. Als die Gotik kam und man nach Höherem strebte, passte man ein hohes Spitzgewölbe ein, dessen schlanke Rippen man im Barock wieder entfernte. 1724, zur 1000-Jahr-Feier, staffierte man den Innenraum mit lebensfrohem Rokoko aus. Den Brüdern Asam gelang es in nicht einmal zwei Jahren, in dem ehemals streng romanischen Gemäuer heiterste Stimmung zu verbreiten. Überall wimmelt es von Engelein, Putten, Blumen und bewegten Heiligenfiguren.

Die Innenausstattung des Freisinger Doms ist ein einziges Museum, man weiß nicht, welches der Kunstwerke man in besonderer Weise hervorheben soll, so groß ist die Auswahl. Wenn wir uns doch entscheiden müssten, dann für einen der ältesten Domschätze, eine versteckte Säule aus romanischer Zeit tief unten in der Krypta. Keine zweite Säule dieser Art findet sich in Deutschland. Drei Ritter kämpfen mit drei krokodilähnlichen Drachen, ein verzweifelter Kampf, dessen Ausgang völlig ungewiss erscheint. Einer der Ritter steckt schon tief im Hals eines der Reptilien, wer kann ihn da noch retten? Die Rettung, sie kann nur von himmlischen Mächten kommen. Auf der Ostseite steht eine schöne Frau, sie erwartet das göttliche Licht, betet zu Jesus Christus, dem Erlöser. Bestiensäule nennt sich diese Art der Darstellung, die sich sonst nur in Italien oder Frankreich findet. Rainer Maria Rilke verdanken wir eines der schönsten Gedichte zu dem uralten Thema der schönen, von einer Bestie bedrohten Jungfrau, die durch einen Ritter gerettet wird, diesen aber wiederum durch ihre Liebe schützt:

Und sie hatte ihn die ganze Nacht
angerufen, hingekniet, die schwache
wache Jungfrau: Siehe, dieser Drache
und ich weiß es nicht, warum er wacht.

Und da brach er aus dem Morgengraun
auf dem Falben, strahlend Helm und Haubert,
und er sah sie traurig und verzaubert
aus dem Knieen aufwärtsschaun

zu dem Glanze, der er war.
Und er sprengte glänzend längs der Länder
abwärts mit erhobnem Doppelhänder
in die offene Gefahr,

viel zu furchtbar, aber doch erfleht.
Und sie kniete knieender, die Hände
fester faltend, dass er sie bestände;
denn sie wusste nicht, dass Der besteht,

den ihr Herz, ihr reines und bereites,
aus dem Licht des göttlichen Geleites
niederreißt. Zuseite seines Streites
stand, wie Türme stehen, ihr Gebet.

Der Domberg zu Freising

Neben dem Domplatz befindet sich ein grüner Ausguck. Von hier aus genießt man einen grandiosen Blick über das Land. Den Münchner Fernsehturm kann man erkennen, dahinter das Alpenpanorama. Bis zur Kinderstube der Isar kann man blicken, das ganze weite Land, das sie durchflossen hat, liegt zu unseren Füßen. Der Lauf der Isar wurde von dieser Landschaft gelenkt, der Fluss wiederum hat die Landschaft mitgestaltet. Der Einfluss der Isar ist geringer geworden, seitdem der Mensch begonnen hat, ihr Zügel anzulegen. Wenn es aber heftig kommt, wenn der Himmel seine Schleusen öffnet, wenn zugleich das Eis in den Bergen zu schmelzen beginnt, dann erinnert sich die Isar ihrer ursprünglichen Wildheit, dann schwillt sie an und rüttelt an den Dämmen, dann will sie auf zu neuen Ufern. Dann bangt und zittert der Mensch und hofft, dass die Wolken aufreißen, dass jemand den Fluten Einhalt gebietet, dass Brücken und Dämme halten, dass das Wasser wieder sinkt.

Die Liberalitas Bavariae hat auch im Bistum Freising Tradition. Von großer Weltoffenheit war die auf dem Domberg ansässige

Ausblick vom Domberg

Domschule, viele bedeutende Männer haben hier studiert, auch manch angehender König oder Kaiser war unter den Schulbuben. „Mons doctus“ wurde der Domberg darum auch genannt, der Gelehrtenberg. Über Jahrhunderte ist er das kulturelle Zentrum Bayerns gewesen. Schreibkunst und Buchmalerei, Musikinstrumentenbau und Kirchenmusik, Theologie und Philosophie, Geschichtsschreibung und Bibelübersetzungen: Der Domberg war ein Ort für Kreative.

Auch wenn diese Zeiten längst passé sind: Weiterhin werden auf dem „mons doctus“ Wissenschaft und Lehre hochgehalten. Mit dem „Kardinal-Döpfner-Haus“ befindet sich die wichtigste Bildungsstätte des Erzbistums auf dem Domberg. In einigen Jahren soll ein moderner Umbau erfolgen, ebenso für das Diözesanmuseum, dessen Besuch für Kunstinteressierte ein Muss ist.

Bei so viel Licht gibt es natürlich auch manchen Schatten, und auch dieser darf nicht verschwiegen werden, will man der Geschichte gerecht werden. Die Tat einer mutigen Frau hat in Freising einst für viel Aufregung gesorgt.

Der Speckknödel-Aufstand

Ein Vorfrühlingstag des Jahres 1527. Die Freisinger warten ungeduldig auf das Osterfest. Wann endlich ist die strenge Fastenzeit vorbei? Wann kommt endlich wieder Fleisch auf den Tisch? Da plötzlich zieht ein unwiderstehlicher Duft durch die Straßen. Was riecht denn da so köstlich? Katharina Mair, eine junge Bürgerin, trägt eine große Schüssel vor sich her. Speckknödel! Eine Schüssel voller köstlicher Speckknödel! Jetzt in der Fastenzeit! Der Skandal ist perfekt. Das sind keine gewöhnlichen Knödel, das ist eine Provokation! Katharina Mair hat sich anstecken lassen, sympathisiert mit den neuen Ideen, den Ideen der Reformation. Einige Bürger der Stadt, Zugezogene aus Schwaben, haben die Gedanken eingeschleppt, wollen nicht länger glauben, was der Heilige Vater in Rom erzählt, wollen viele seiner Regeln und Gebote nicht mehr beachten. Sie sind Anhänger Zwinglis, lehnen die Ohrenbeichte ab und wollen auch das Fastengebot nicht länger halten. Deshalb die Speckknödel. Die offizielle Freisinger Kirche ist alarmiert, so etwas will man sich nicht gefallen lassen. Das Osterfest wartet man noch ab, danach aber ergreift man Katharina Mair und die anderen. Sie wird verhört, auch die Folter wendet man gegen sie an. Man will, dass sie widerruft, dass sie den neuen Lehren abschwört, aber die mutige Frau fügt sich nicht. Am 13. Mai 1528 wird sie auf den Schrannenplatz geführt, vor der versammelten Menge an den Pranger gestellt, ihr Urteil wird verlesen. Dann brennt man ihr ein Zeichen auf die Stirn, das Kreuz, und verweist sie des Landes. Auf ewige Zeiten.

In flottem Tempo geht es nun den Domberg hinab – wir nehmen Schwung, um es auf den zweiten Hügel zu schaffen. Die Aussicht auf eine stärkende Rast lässt uns noch einmal kräftig in die Pedale treten.

Weihenstephan

Der zweite Freisinger Hügel ist grüner und luftiger und vor allem besser gegen den Durst. Das weiß auch der Korbinianbär, dem die Brauer gleich zwei Fässer aufgebürdet haben. Wir lassen uns in dem lauschi-

Rokokopracht der Brüder Asam im Freisinger Dom

gen Biergarten mit Ausblick nieder. Er gehört zur Brauerei Weihenstephan, bayerische Staatsbrauerei heißt sie ganz offiziell. Das klingt gewichtig und hat seine Geschichte.

Lange waren die Braukessel im kirchlichen Besitz. Weihenstephan heißt der Hügel, weil hier oben ein altes Benediktinerkloster gestanden hat, dessen Abt im Jahr 1040 vom Freisinger Bischof Egilbert das Braurecht erhalten haben soll. Vielleicht war das Stück Papier eine spätere Fälschung, ganz genau weiß man es nicht, Weihenstephan aber leitet von ihm seinen Anspruch ab, die älteste noch siedende Brauerei der Welt zu sein.

Mit der Säkularisation Anfang des 19. Jhs. fielen das Kloster und sein Besitz wie fast alle bayerischen Klöster an das Land Bayern. Gebraut wurde aber fleißig weiter. Dabei wird es den meisten Gästen egal gewesen sein, ob das Bier von Mönchen oder königlich-bayerische Braumeistern stammte, Hauptsache, es schmeckte. Und schmecken tut es bis heute, selbst, wenn es als Radler daherkommt. Wir stoßen an und genießen die frische Luft unter den schattigen Kastanien, die man einst pflanzte, um die darunter befindlichen Keller, in denen das Bier lagerte, kühl zu halten. Welcher Schatten ist dunkler als der der Kastanie? Nachdem wir uns mit Bier und Brezen gestärkt haben, sehen wir uns das Brauereigebäude noch von außen an und entdecken beim Herumschlendern auf der Hügelkuppe einen schmalen, unscheinbaren Durchgang in einem langen Gebäuderiegel, der zu einem lichten, grünen, sehr gepflegten Park führt. Hier entspannen die Studenten, darunter jene, die in Weihenstephan Brauereiwesen studieren. („Nicht der überflüssigste Studiengang!" – „Nee, der flüssigste!")

In rasender Fahrt geht es nun wieder den steilen Hügel hinunter, die Hände immer gut an den Bremsen. An zahlreichen Universitätsgebäuden in moderner Beton-Glas-Optik – viele Studiengänge haben mit Landwirtschaft zu tun – gelangen wir durch die Stadt hinunter zur Isarbrücke, wo uns unser alter Freund Nepomuk begrüßt.

Obergäriges ganz unten: Stärkung für einen Musikanten in Weihenstephan

Wir schwingen in den Isarradweg ein, grüne Auwälder umfangen uns bald, in deren kühlen Schatten es sich gut dahinradeln lässt. Manchmal kommen wir an quakenden Altwassern vorbei, in denen sich Schilf und Binsen spiegeln. Auf einer Kiesbank an der Isar hat jemand ein neongrünes Igluzelt aufgeschlagen, ein Fliegenfischer schwingt gelassen seine lange Rute. Siedend heiß fällt uns plötzlich ein, dass wir in Freising doch nach dem Grab von Arbeo hatten fragen wollen, Arbeo, dem Abt von Freising, dem Verfasser der Korbinianslegende und der Lebensgeschichte von Emmeram. Doch zum Umkehren ist es zu spät, sein Geheimnis können wir nicht lüften, wir bitten um Entschuldigung.

Korbinian mit seinem ungewöhnlichen Lasttier an der Korbininansbrücke in Freising

Vor Niederhummel sind Bauarbeiter dabei, einen Übergang über einen begleitenden Bach zu erneuern. Vielleicht ist es der Hummelbach? „Ob er aber über Oberhummel kommt oder aber über Unterhummel kommt oder aber überhaupt nicht kommt, ist nicht gewiss." Ein Hinweis für Radfahrer amüsiert uns. Man will uns bis nach Prag lotsen. Wir schütteln den Kopf. Nicht mit uns, nicht diesmal! Oder liegt Prag etwa an der Isar?

Moosburg

Moosburg, Stadt im Zwickel zwischen Isar und Amper, zwei stolze Kirchtürme grüßen schon von Weitem. So ähnlich sehen sie sich und so dicht stehen sie beisammen, dass man sie von der Ferne für Doppeltürme halten könnte. Sie gehören jedoch zu zwei verschiedenen Kirchen, zwei engen Nachbarn, St. Johannes und St. Kastulus. Wir schließen unsere Räder ab und stehen staunend vor einem wunderbar würdigen romanischen Portal. Sechs gestaffelte Säulen und Pfeiler wechseln sich ab, fünf Rundbogen zu tragen, die mit einfachen Bandmustern verziert sind. Auf dem Tympanon sehen wir eine kleine Figurengruppe, Gottvater auf dem Thron im Zentrum. Wir können uns an diesem Kunstwerk nicht sattsehen, reißen uns schließlich aber los und betreten das Innere des Münsters, das dem hl. Kastulus gewidmet ist. – Kastulus? Nie gehört. Wer mag dieser Heilige gewesen sein? Am Hochaltar erzählen vier von Hans Leinberger geschaffene Holzreliefs die Legende seines Lebens.

Farblich passend: ein grünes Zelt im Kiesbett der Isar

Der hl. Kastulus

Eigentlich gehörte er einer Sklavenfamilie an. In Rom aber war es für manche Sklaven möglich, die Freiheit zu erringen. Und nicht nur dieses Kunststück gelang Kastulus. Sein Aufstieg ging noch weiter. Ob als Hoflieferant des Kaisers oder als Aufseher über dessen Zimmer oder die kaiserliche Küche – fest steht, dass er beim Kaiser Karriere machte. Nur eines lehnte er ab: seinen Kaiser wie einen Gott zu verehren. Kastulus war Christ.

Im 3. Jh. gab es nur wenige Christen in Rom. Lange hatte man sie gewähren lassen, waren doch viele tüchtige Leute darunter. Als Rom jedoch unter die Herrschaft von Diokletian geriet, war Schluss mit der Toleranz. Er verlangte bedingungslose Unterwerfung unter den römischen Götterkult. Christliche Kirchen wurden zerstört, Versammlungen verboten. Nur heimlich noch und unter größten Gefahren konnten die Christen ihren Glauben leben. Kastulus gehörte zu ihnen. Er ließ nicht von seiner Überzeugung ab, hielt seinem Gott die Treue. Doch ein Mann namens Torquatus verriet ihn. Kastulus wurde gefangengenommen und sollte vor einem Bild des Kaisers opfern, was er ablehnte. Darauf wurde er gefoltert und schließlich vor den Toren Roms in eine Sandgrube geworfen und lebendig begraben. So wurde er zum Helden, zum Märtyrer.

In der Spätantike, als das Christentum zur Staatsreligion wurde, begann seine Verehrung, die von den Kastulus-Katakomben in der Via Labicana ihren Ausgang nahm. Seine Knochen wurden nach Pavia gebracht, zwei Benediktinermönche, Albin und Rhenobot, überführten sie Ende des 8. Jhs. in das Kloster nach Moosburg. Seitdem wird der hl. Kastulus als Stadtpatron verehrt und auch als Schutzheiliger der Hopfenbauern, umfasste das Herrschaftsgebiet der Grafschaft Moosburg doch weite Teile der Hallertau.

Auch zum Schutz vor Pferdedieben wird Kastulus angerufen, den das Volk liebevoll Kastl nennt. Pferdediebe gibt es keine mehr. Vielleicht hält Kastl seine schützende Hand stattdessen heute ja über Drahtesel. Als wir unsere Räder wieder aufsperren, beschließen wir dennoch, lieber vorsichtig zu bleiben. In den Versicherungsklauseln war nicht vermerkt, ob ein Gebet zum hl. Kastl ein Schloss ersetzen kann.

Welchen Heiligen aber ruft man zum Schutze der Kröten an? Ein prächtiges Exemplar mitten auf dem Weg zur Isar will nicht mehr davonhüpfen. Vielleicht hat sie schon einen leichten Schaden erlitten. Was nun? Man muss doch helfen. Aber eine glitschige dicke Kröte anzufassen, davor ekelt es uns. Vorsichtig bugsieren wir sie mit dem einen Schuh auf den anderen und lassen sie dann in sanftem Bogen in das Straßenbegleitgrün rutschen, wo sie weich landet. Vielleicht erholt sie sich ja wieder.

Romanisches Hauptportal von St. Kastulus

Wir fädeln wieder in den Isarradweg ein. Ein spritziges Vergnügen sind die „Sieben Rippen", Nagelfluhfelsen mitten in der Isar, welche das Isarwasser zum Wildwasser werden lassen. Danach wird es schnell wieder ruhiger, zu lange will man der Isar keine Freiheiten gestatten. Große Stauseen prägen nun das Gesicht der Landschaft, zur Freude vieler Zugvögel, die hier auf ihrer Reise einen willkommenen Rastplatz finden, prallgefüllt mit Reiseproviant. Drosselrohrsänger, Reiher und Flussseeschwalben sind hier zuhause, auf den grünen Dämmen stellt die Zauneidechse den Grillen nach, findet Deckung zwischen Karthäusernelke, Teufelskralle und Wiesensalbei. Wer will, kann sich etwas von dem wilden Thymian brechen, der hier gleichfalls blüht. Köstliches Aroma! Mit saftigem, dünn geschnittenem Kalbsfleisch gibt das sicher eine fantastische Saltimbocca. Doch Obacht: Beim Pflücken nicht die Wege verlassen! Die „Vogelfreistätte Mittlere Isarau" ist streng geschützt, das Naturschutzgebiet zählt zu den größten Wasservogelschutzgebieten Bayerns. Ein flötender Ton erklingt aus den Auwäldern. Ob das der Pirol ist?

Irgendwo mitten durch das Vogelschutzgebiet verläuft eine imaginäre Grenze, die Oberbayern von Niederbayern scheidet. Was der

Isarkröte, tiefenentspannt

Der Isarstausee bei Eching: ein Wasservogelparadies

Unterschied zwischen beiden Volksstämmen ist? Der Niederbayer sagt: „Mag sein, dass ihr Oberbayern die höheren Berge habt, dafür haben wir den weiteren Horizont." Klingt hübsch, trifft aber nur bedingt zu, wenigstens in diesem Isarabschnitt. Im Norden wie im Süden hügelt es sich nämlich ziemlich munter, was aber fast noch schöner ist, als ein ewig weiter Horizont.

Mit der hübschen Kirche von Eching haben wir den Landkreis Landshut endgültig erreicht. Malerisch liegt sie zwischen einer Handvoll Gehöften auf einer Landzunge am See. Fast zur selben Zeit tauchen zwei Landmarken am Horizont auf: Landshut ist in Sicht.

Landshut

Was ragt höher in den niederbayerischen Himmel: der Giebel der Burg, an der zwei Fahnen wehen, die deutsche und die bayerische, oder das goldene Kreuz des Kirchturms? Die Burg, das ist die Trausnitz. Einst stand auf dem Hügel über dem Isartal nur ein einfacher hölzerner Wachturm. Von hier gab man Acht, ob sich Spitzbuben in den Auwäldern herumtrieben, die ehrliche Flößer und Handelsleute überfallen wollten. Als Herzog Ludwig der Kelheimer das Land an der Isar erbte, ließ er den Holzturm abreißen und an seiner Stelle eine ordentliche Burg errichten, die er „Landeshuta" nannte, die Hüterin des Landes. Der Name der Burg ging auf die Stadt im Tale über: Landshut. Das Jahr 1204 gilt als ihr Gründungsdatum.

Ludwig war ein gewiefter Herrscher, gewiefter nur war seine Ehefrau Ludmilla, die Witwe Adalberts III. von Bogen. Ludwig hatte sie eigentlich nur zu einem One-Night-Stand verführen wollen. Als er sich aber bereits im Stadium größter Vorfreude befand, fing Ludmilla an, Bedingungen zu stellen: Nur, wenn er ihr die Ehe verspreche, würde sie ihm zu Willen sein. Wild von kreisenden Hormonen willigte Ludwig ein. Was sollte auch schon passieren? Zeugen waren doch keine anwesend, die drei Figuren auf dem Vorhang hinter dem Bett waren nur aufgemalt. Was Ludwig übersah: Hinter den aufgemalten Schattenfiguren hatten sich auf Ludmillas Geheiß drei Ritter versteckt. Als Ludwig erschöpft in die Kissen sank, traten die drei als Zeugen hervor. Dem verblüfften Ludwig half keine Ausrede mehr: Er musste vor den Traualtar treten und sein weiteres Leben als Ehemann fristen. Die Nacht sollte sich jedoch dennoch nicht als Nachteil erweisen, denn durch die Heirat kam der Wittelsbacher zu einer einflussreichen Verwandtschaft. Und er erbte von Ludmilla die weiß-blauen Rauten als Wappen, die bis heute über allen bayerischen Biergärten wehen.

Das Ende des Landshuter Stadtgründers war tragisch. Zu Besuch in seiner Heimatstadt Kelheim wurde er an einem Septembertag 1231 auf einer Brücke heimtückisch ermordet. Bis heute ist der Auftraggeber der Tat nicht gefasst, und es wird von Tag zu Tag unwahrscheinlicher, ihn noch zu ermitteln. War es ein betrogener Ehemann? War es der eigene Hofnarr in einem Anflug von Humorlosigkeit? Oder waren es die Staufer, weil Ludwig sich auf die Seite des Papstes gestellt hatte?

Auch das hohe Kreuz im Tal verdanken wir Ludwig. Zugleich mit der Burg ließ der Fürst eine Kirche bauen, St. Martin. Im sumpfigen Isartal zu bauen, war bedeutend anspruchsvoller als oben auf dem Berg. Dicht an dicht musste man gespitzte Tannenstämme in den

Martinskirche und Burg Trausnitz in Landshut

Morast rammen, damit die Martinskirche nicht im Schlamm versank. Rings herum siedelten sich Bürger an. Dummerweise jedoch war die Isar damals noch nicht reguliert. Zahlreiche Hochwasser überschwemmten das Städtchen. Als 1343 ein großer Brand die Stadt zerstörte, räumten die Landshuter die Trümmer zur Seite, griffen zur Schaufel und legten ihre Grundstücke 2–3 m höher. Nun aber stand St. Martin im Loch, ein wenig erfreulicher Anblick. Also beschloss man einen Neubau auf den Fundamenten der alten Kirche. Und was für einen! Gut, dass sich im Isartal reichlich Tongruben fanden, woher hätte man das Baumaterial sonst nehmen sollen? Über 100 Jahre baute man, dann war er fertig: der höchste aus Backsteinen gemauerte Kirchturm der Welt. Stolze 130 m ragt er in den niederbayerischen Himmel, so hoch, dass man von seiner Spitze dem Herzog oben in der Burg in die Suppenschüssel hätte schauen können. Der Turm ist nicht nur hoch, er ist auch von einzigartiger Schönheit, schlank und elegant.

Ländtor: Hier landeten die Flößer

Turm und Kirche müssen wir uns natürlich aus der Nähe anschauen. Durch ein großes, zinnenbewehrtes Ziegeltor, das Ländtor, das zur Isar hinunterführt, fahren wir nach Landshut hinein und stehen bald in dem schönsten gotischen Straßenzug, der sich denken lässt, stolze, in dezenten Farben gehaltene Stadthäuser, deren Dächer von fantasievollen Giebeln geziert werde: die Landshuter Altstadt mit der Martinskirche als Höhepunkt.

Die Landshuter Martinskirche

Viele Kunsthistoriker halten das Kirchenschiff von St. Martin für das Schönste der Gotik. Was für ein lichtdurchfluteter, klar gegliederter Raum! Hohe, schmale Fenster, filigran und von spielerischer Leichtigkeit, Säulen, schlank wie Birken, die sich erst kurz vor dem Gewölbe verzweigen, um mit mattroten Rippen einen hellen Himmel zu tragen. Der lichte Säulenwald läuft auf einen ebenso lichten und leichten Hochaltar zu, dessen weißer Sandstein neben dem hl. Martin Bilder aus dem

Leben Mariens darstellt. Weitere Höhepunkte sind eine geschnitzte Madonna von Hans Leinberger und das Chorbogenkreuz mit dem traurigsten Jesus, den man sich denken kann, geschaffen von Meister Erhard aus Ulm im Jahr 1495, nachdem die schreckliche Pest gewütet hatte.

Auch einen alten Bekannten treffen wir: den hl. Kastulus aus Moosburg. Mit der Verlegung des Kollegiatstifts Moosburg 1598 nach Landshut hat man auch seine Knochen in die Martinskirche gebracht. Liebevoll in Seidenbeutelchen verpackt, in einem gläsernen Schneewittchensarg, hat man sie hübsch im linken Seitenschiff platziert. Ein modernes Fenster erzählt die Leidensgeschichte des Heiligen. Einige der Folterknechte kommen uns unangenehm bekannt vor: Der Künstler Hans Lacher hat ihnen die Gesichtszüge von Hitler, Goebbels und Göring verliehen, die teuflischen Fratzen des Nazi-Systems. Manche Diskussion hat es wegen dieses Fensters gegeben. Darf man das? Darf man so mit der Geschichte umgehen? Ist es nicht auch eine Aufwertung von Hitler und Konsorten, sie in einem Kirchenfenster abzubilden? Und wenn man sich schon für konkrete Personen entschied, warum dann nicht Heinrich Himmler, der das Landshuter Gymnasium besucht hatte? Der Reichsführer der SS ist ein trauriges Beispiel dafür, dass humanistische Bildung noch lange kein humanes Denken hervorbringt.

Auch Landshut hat seine Isarinsel. Über eine schmale Brücke gelangt man hinüber und man erfährt, dass man sich auch in Landshut oft und gerne verliebt: Am Geländer baumeln fröhlich die Liebesschlösser. Auf der Mühleninsel befindet sich der schöne Biergarten „Zur Insel“ mit ungestörtem Blick auf das Stadtpanorama. Wir bestellen

Hitler als Folterknecht: Kirchenfenster in St. Martin

Landshut – die Altstadt, überragt von St. Martin

ein frisches Radler und einen Bauernsalat mit durchgestrichenem Schafskäse, den ein Hirtenkäse ersetzt. Schaf oder Hirte, der Salat schmeckt und wir genießen den Blick über Isar und Stadt.

Auch die Landshuter haben wie alle Isaranrainer, wie Tölz, wie München, wie Freising, den Fluss nicht in ihre Stadt hineingelassen. Mit gutem Grund. Ein Wildwasser wie die Isar in die Stadtmauern zu lassen, war einfach zu gefährlich. Nur wenige historische Städte gibt es, die von einem Fluss durchströmt werden, was natürlich besonders reizvolle Perspektiven bietet, wie etwa in Nürnberg.

Vorsicht, nasse Füße: Hochwasser auf dem Radweg in Landshut

Bis zur Mitte des 13. Jhs. war Landshut die unangefochtene Isarmetropole und als Fürstensitz der Wittelsbacher die faktische Hauptstadt Bayerns. Erinnern Sie sich noch an Herzog Otto II. den Erlauchten? Der als Herrscher über die Pfalz den Löwen ins Bayernwappen gebracht haben soll? Weil er zwei Söhne hatte und keinen der beiden enterben wollte, wurde das Land 1255 in Oberbayern und Niederbayern geteilt. Brummelnd ging der ältere Ludwig ins ärmliche München, während der jüngere Heinrich im schönen Landshut bleiben durfte.

1340 legte Ottos Enkel Ludwig IV., der sogar zum Kaiser aufsteigen sollte, Ober- und Niederbayern wieder zusammen. Zwar nannte man ihn nicht aus diesem Grund „Ludwig den Bayern", aber gepasst hätte es! Er bestimmte nun München zur gemeinsamen Hauptstadt, doch nur neun Jahre später setzte man wieder die Schere an und schnitt Bayern in drei Puzzleteile, Straubing-Holland kam noch mit dazu.

Die Landshuter ließen sich durch das Hin und Her nicht beeindrucken, Hauptstadt oder nicht, und bauten ihre Stadt prächtig aus. Parallel zur Altstadt errichtete man die ebenso stolze Neustadt, viele Kirchen und Klöster kamen hinzu, die Freyung als Ortserweiterung mit günstigen Steuerkonditionen. Wie gut es sich in Landshut im 14. und 15. Jh. leben ließ, davon geben heute noch die Beinamen der drei Herzöge Heinrich, Ludwig und Georg Auskunft. Alle hießen sie: „der Reiche". Georg aber, dessen Hochzeit mit der polnischen Fürstentochter Hedwig so opulent gefeiert wurde, dass man sie heute noch alle vier Jahre wiederholt, war es nicht vergönnt, Landshuts große Zeit fortzuführen. Schuld waren die frauenfeindlichen Wittelsbacher Hausverträge: Nur Söhne durften erben. Zwar bekam das Paar drei

Knaben, sie starben aber alle noch vor ihrem Vater. Doch Georg sah nicht ein, sein Land deshalb an die Oberbayern fallen zu lassen, hatte er doch eine tüchtige Tochter. Kurzerhand setzte er Elisabeth als Erbin ein. Das gab Ärger: Nach seinem Tod kam es zum Bayerischen Erbfolgekrieg, das Land an der Isar erlebte schlimmste Verwüstungen und Götz von Berlichingen verlor seine Hand bei Landshut. Wer kennt ihn nicht, den bekannten Merksatz?

Als Götz sein Gewehr mit der Hand lud,
Verlor er dieselbe bei Landshut.

Ob der spätere Prothesenträger bei diesem Unglück schon sein berüchtigtes Zitat an den Mann gebracht hat, ist nicht überliefert, man würde es ihm in einer solchen Situation aber wohl kaum verübeln. Fest steht: Die Oberbayern gewannen, Landshuts große Zeit war vorüber.

Vielleicht der größte Einschnitt der Stadtgeschichte war der Verlust der Universität, die 1826 nach München verlegt wurde. Bedeutende Gelehrte hatte die Akademie nach Landshut gebracht, den Juristen Anselm von Feuerbach, welcher die Folter in Bayern abzuschaffen half, seinen Kollegen Carl von Savigny oder den Pastoraltheologen Johann Michael Sailer. Heute aber darf sich Landshut wieder stolz Hochschulstadt nennen. Die Fachhochschule wächst und gedeiht.

Als uns der Isarradweg bei der Weiterfahrt unter einer Straße hindurchführt, müssen wir stark abbremsen. Die Isar macht sich hier so breit, dass sie den Radweg geflutet hat. Wir schieben näher heran und wollen die Wassertiefe prüfen, als uns zwei radfahrende Kinder fröhlich überholen und durch das Wasser spritzen. Nichts wie hinterher! Doch erneut tut sich ein Hindernis auf, diesmal ein ernsteres: Der Isarradweg ist gesperrt, eine Umleitung will uns vom Ufer fernhalten. Den Grund teilt uns das Energieunternehmen Eon auf einem großen Plakat mit: „Hier entstehen moderne Fischaufstiegsanlagen" – Fischaufstiegsanlagen? Eon erklärt uns die Situation: Die zwei nun folgenden Wehre Altheim und Niederaichbach stellen mit ihren Laufwasserkraftwerken für Wanderfische ein unüberwindbares Hindernis dar. Durch die Anlage von Fischtreppen seitlich der Wehre will man den Fischen den Weg freimachen. Damit sie erkennen, wo's langgeht, werden die Einstiege zu den Treppen so gebaut, dass eine besondere Lockströmung entsteht. Oben angekommen, geht's über bereits bestehende Entwässerungsgraben entlang der Stauseen weiter, um dann nach mehreren Kilometern wieder in die Isar zu gelangen. Drei Millionen lässt Eon sich die Fischtreppen kosten. Das wird lustig werden, wenn in den schmalen Entwässerungsgräben die Wanderfische marschieren. Ein schlauer Kormoran wir dort sicher fette Beute machen.

Wir ignorieren die Umleitung, müssen sie ignorieren, weil unser heutiges Nachtquartier direkt an der Isar gelegen ist. Auch viele andere halten sich nicht an das Hinweisschild. Zahlreiche Landshuter führen ihren Hund aus, andere haben ihre Angel ausgeworfen, ist doch auch hier ein weiter See entstanden. Dahinter erhebt sich ein weißer Kühlturm, aus dem es kräftig zum Himmel dampft.

Direkt an der Isar: die Landshuter Christuskirche

Wo man die Atome spaltet

Man hat die Isar auch deshalb aufgestaut, um stets genügend Kühlwasser für die Reaktoren zu haben. Und Reaktoren gibt es hier viele. Landshut ist die heimliche Hauptstadt der Kernkraft. Auf engstem Raum knubbelten sich einst drei dieser Kraftwerke am Isarufer. Der älteste Reaktor auf der rechten Flussseite in Niederaichbach wurde 1973 hochgefahren. Bereits 1974 war schon wieder Schluss. Der Druckwasserreaktor hatte nichts als Probleme bereitet. Schlappe 15 Gigawattstunden hatte er produziert, was 18 Tagen Volllast entspricht. Noch mehr Geld als der Bau verschlang der Abriss, zusammen wurden 500 Millionen Mark ausgegeben. Rechnet man aus, was die Kilowattstunde Strom gekostet hat, so kommt man auf den stolzen Preis von etwa 16 Euro. Niederaichbach ist das erste europäische Atomkraftwerk, das vollständig wieder abgebaut worden ist, wobei vollständig ein relativer Begriff ist: Trotz der kurzen Betriebsdauer strahlen seine Reste weiter vor sich hin – der kontaminierte Stahl im Zwischenlager Nord bei Lubmin, die Brennstäbe immer noch am Isarufer. Isar 1 auf der linken Flussseite ging 1977 ans Netz, Isar 2, sein großer Bruder, folgte 1988. Isar 2 ist der ganze Stolz der deutschen Atomfreunde. Der Druckwasserreaktor vom Typ Konvoi hat so ziemlich alle Weltrekorde in der Stromproduktion abgeräumt. Isar 1 durfte 2011 in Vorruhestand gehen, weil der japanische Kollege in Fukushima selbst die überzeugtesten bayerischen Atompolitiker erschreckt hatte. Isar 2 soll 2022 folgen, wenn denn nichts dazwischenkommt.

Die Isar freut sich heute schon auf den Tag, an dem Isar 2 abgeschaltet wird. Rasch wird ihr Fieber fallen und sie wird wieder gesunden. Ihre Genesung kann sie dann wieder mit alten Bekannten feiern: dem Huchen und den anderen kalten Flossen. Dem einen seine Freud', dem anderen sein Leid: Der Waller, der warme, träge Gewässer liebt, wird wohl über den dann gebauten Fischwandergraben davonwallen müssen. „Walle, walle, manche Strecke …"

Bei Auloh, einem kräftig gewachsenen Ortsteil von Landshut, überquert ein schmaler Steg den künftigen Fischwandergraben. Ein Schild erzählt uns, der Sage nach sei an dieser Stelle der Wanderbischof Erhard über die Isar geflüchtet. Wütende Altheimer Bauern, die das Christentum nicht annehmen wollten, hatten ihm ans Leder gehen wollen. Was das Schild nicht verrät: auf welche Weise Erhard die Isar überquert hat. Das Geheimnis wird bei der schönen Kirche von Frauenberg gelüftet, die oben am hohen Ufer das Tal überblickt. Dort findet sich die wohl seltsamste Fähre, welche die Isar jemals gesehen hat: ein dicker, runder Mühlstein! Darauf soll Erhard über die Isarwellen gepaddelt sein. Was im 7. Jh. nicht alles möglich gewesen ist!

Der Tag senkt sich, die Etappe geht zu Ende. Heute brauchen wir kein Hotelzimmer, heute haben wir das Glück, privat übernachten zu dürfen, bei den liebenswürdigsten Gasteltern, die man sich denken kann. Beide stammen aus dem Isartal, Martin aus der Wolfsteinerau, die noch zu Landshut gehört, Katrin aus Frauenberg vom hohen südlichen Ufer. Ihr ganzes Leben haben sie hier verbracht. Kindheitserinnerungen, wie die Amerikaner übersetzten, wie fanatische Nazis sie noch stoppen wollten, wie ein friedliebender Bauer, der ein weißes Tuch aus dem Fenster gehängt hatte, von den SS-Leuten erschossen wurde. Wie die Isar noch ein wilder Fluss gewesen ist, wie es noch einen tiefen Bach in der Au gegeben hat, in welchem die Kinder das Schwimmen gelernt hatten. Wie man zwei Zimmerherren aus dem Ruhrgebiet privat einquartierte, die das erste Atomkraftwerk zu errichten halfen, wie die älteste Tochter als junge Schülerin bei einer Radeldemo dagegen protestiert hat, zusammen mit etwa 14 anderen Atomkraftgegnern.

Das Radler schmeckt gut auf der schönen Terrasse und auch die Brotzeit mit dem Radi aus dem eigenen Garten. Bevor wir schlafen gehen, werfen wir noch kurz einen Blick in den Fernseher. Dramatik in den letzten Spielminuten, dann haben sie es doch noch geschafft: 1860 München, die Löwen, haben in der Relegation gesiegt, dürfen noch ein wenig in der 2. Liga bleiben. Eine späte Entschädigung für Giesing wegen der seinerzeit verpassten Chance mit der Isarbrücke Heinrichs des Löwen!

St. Martin und das Landshuter Stadttheater

4. Flussabschnitt:

VON LANDSHUT BIS ZUR MÜNDUNG

Von der Wolfsteinerau bis Dingolfing

Bei der morgendlichen Dusche müssen wir daran denken, dass es frisches Isarwasser ist, was hier aus der Leitung rauscht. In zwei Landshuter Wasserschutzgebieten – eines davon ist die Wolfsteinerau – wird das Isaruferfiltrat gewonnen, Wasser von vorzüglicher Qualität. Weil die Isar aus kalkigen Gegenden stammt, ist das Wasser eine Spur härter als anderswo, daher die besondere Frische. Keineswegs überall entlang ihres Laufs dient die Isar auch als Trinkwasserspender. Das Münchner Trinkwasser etwa stammt überwiegend aus dem Mangfalltal und gelangt über lange Rohrleitungen in die Stadt.

Ein frisch zubereitetes Frühstück stärkt uns für unsere letzte Etappe. Wenn alles gut geht, werden wir am Abend an der Mündung stehen. Wie hieß es noch in der Schule? „Iller, Lech, Isar, Inn fließen rechts zur Donau hin. Wörnitz, Altmühl, Naab und Regen kommen ihr von links entgegen." Wir lachen und erkennen einmal mehr den Vorteil des Reimes. Gereimt merkt's sich einfach besser. Doch Vorsicht! Sagt der Landshuter: „Obacht! Da kimmt a Reim!", meint er kein vertracktes Gedicht, sondern dann will er einen schlicht vor einer unübersichtlichen Kurve warnen.

Die Wolfsteinerau hat ihren Namen von der alten Burg, die einst oben auf der Hügelkette thronte. Mit ihr hat es eine besondere Bewandtnis, ein Königskind wurde in ihren Mauern geboren.

Konradin, der letzte Staufer

Nicht einfach für ein Kind, wenn hohe Erwartungen auf ihm lasten. Wie viele Menschen sind daran zerbrochen. Es ist kein Glück, es ist eine schwere Hypothek, in eine Familie geboren zu werden, in der nichts zählt als der höchste Erfolg.

„Im Jahre des Herrn 1252, am 25. Tage des Monats März, [...] wurde unserem Herrn, dem erlauchten König Konrad, von der erlauchten Königin Elisabeth, seiner Gemahlin, zwischen der neunten Stunde und der Vesper auf der Burg Wolfstein ein Sohn geboren, der den Namen Konrad erhielt." Jubel in Landshut, Jubel in Bayern, Jubel in Schwaben auch, dem Stammland der Staufer. Ist das das Zeichen? Ist das die Zukunft? Ist es noch nicht zu Ende mit der Herrlichkeit der Staufer? Sollten sie sich noch einmal erheben, einen weiteren Kaiser stellen? So wie einst Friedrich Barbarossa, wie Heinrich VI., wie Friedrich II., der Größte von allen, der vor zwei Jahren gestorben ist, in seinem geliebten Italien? Ein Thronfolger ist geboren! Wird sein Vater, wird Konrad IV. dem Kind den Teppich bereiten, auf dem er einst einreiten wird ins Reich seiner Väter?

Doch so schnell der Jubel erschallte, so schnell verklingt er auch wieder. Konrad IV., der Vater des Wolfsteiner Jungen, stirbt mit nur 26 Jahren in Italien.

„Konrad II., von Gottes Gnaden König der Reiche von Jerusalem und Sizilien, Herzog von Schwaben. Kundgemacht sei allen, die in dieses Privilegium Einsicht nehmen, dass wir unseres zarten Alters wegen die Lenkung unseres Reiches noch nicht mit Erfolg zu übernehmen vermögen." Diese Worte legt man dem Kleinkind in den Mund. Ein Onkel soll die Statthalterschaft übernehmen, so lange, bis Konradin, der kleine Konrad, herangewachsen ist. Seinen Vater hat er nie gesehen, und doch bleibt er allgegenwärtig. Ihm nachzufolgen, das Reich der Staufer zu retten, von nichts anderem träumt der Junge. Und alle seine Freunde und Berater bestärken ihn in diesem Denken. Auch wenn sich die Zeiten gewendet haben, wenn der Papst, sein größter Gegner, alles dafür tut, keinen Staufer mehr mächtig werden zu lassen, wenn nun die Franzosen das Sagen haben in Italien, der alten Sehnsuchtsstätte der Vorväter.

Konradin wächst heran und alle Herzen fliegen ihm zu. Was für ein hübscher blonder Knabe! Welche Schönheit an Wuchs, welche Heiterkeit des Wesens! Mit elf Jahren hält er seinen ersten Hoftag ab, mit 14 verkauft und verpfändet er alles, was er hat, seinen ganzen Besitz, sammelt Geld zur Durchführung seines großen Plans: Italien wieder für die Staufer zu gewinnen. Mit 15 zieht er los mit seinem Heer, überquert die Alpen. In den Städten Norditaliens begrüßen die Menschen den Knaben begeistert, viele reichen ihm die Hand, öffnen ihre Schatulle. Voller Sorge hört der Papst davon, hält seinen mächtigsten Verbündeten an, entschieden gegen Konradin vorzugehen, exkommuniziert den jungen Staufer sogar, damit niemand Hemmungen hat, ihn niederzumetzeln.

Karl von Anjou. Franzose wie der Papst. Niederlage auf Niederlage müssen er und seine Verbündeten einstecken, der junge Konradin gelangt bis nach Rom. Doch dann wendet sich das Kriegsglück. Bei der entscheidenden Schlacht in der Palentinischen Ebene, einem weiten Gefilde, von Bergen und Höhen umschlossen, übersehen Konradins Männer die Reserve des Gegners, 800 der tapfersten Reiter. Konradin glaubt die Schlacht schon gewonnen, als diese Abteilung aus den buschbestandenen Abhängen der umliegenden Hügel hervorbricht und das staufische Heer vernichtend schlägt. Konradin gelingt die Flucht, aber sein Schicksal ist besiegelt. Als Opfer einer hinterhältigen Intrige wird er gefangengenommen und nach Neapel gebracht. Auf der Piazza del Mercato führt man ihn zum Schafott, lässt ihn wie zum Hohn noch einmal über den Golf von Neapel schauen, auf das in der Ferne liegende Capri. Dann köpft man ihn und seine Gefährten. Der letzte Staufer ist tot.

Der Aufstieg zur Burg Wolfstein lohnt sich heute nicht mehr, berichten uns zum Abschied unsere Gasteltern. Die Geburtsstätte Konradins wurde 1517 geschleift, nur noch die Grundmauern sind vorhanden und ein paar Gewölbekeller. Wie das stolze Stauferreich, so ist auch die alte Burg restlos zerstört worden.

Der Morgen ist strahlendblau. Dennoch steigen Wolkenfetzen zum Himmel auf. Wieder ist es die gigantische Wolkenfabrik, der Kühlturm von Isar 2. Mit 165 m höher als der Turm der Martinskirche, stößt er mächtigen, weißen Dampf aus. Wir blicken den Wolken hinterher, die sich nur langsam im Himmelblau auflösen. Wenn man bedenkt, dass das da oben alles verdampftes Isarwasser ist! Ein poetischer Anblick,

Gekochtes Isarwasser: das KKI Ohu

der uns verleitet – AKW hin, AKW her –, eine Strophe von Goethes schönem Gedicht „Gesang der Geister über dem Wasser“ zu zitieren:

Des Menschen Seele
Gleicht dem Wasser:
Vom Himmel kommt es,
Zum Himmel steigt es,
Und wieder nieder
Zur Erde muss es.
Ewig wechselnd.

Niederaichbach heißt die nächste Ortschaft. Versteckt hinter Bäumen liegt das Schloss, fiktive Heimat des Klosters Kaltenthal und seiner fidelen Schwestern, die dem Herrn Bürgermeister stets solche Schwierigkeiten machen: Die beliebte Fernsehserie „Um Himmels Willen“ wurde hier gedreht und natürlich in Landshut, wo Fritz Wepper alias Wolfgang Wöller den Bürgermeister gab. Das Schloss, eine schöne Vierseitanlage, stammt aus dem 17. Jh. und befindet sich in Privatbesitz, so dass es nicht besichtigt werden kann. Besichtigen aber kann man das Kaffeekannenmuseum von Irmi und Franz Goth in Oberaichbach. Gegen die knapp 7000 Kaffeekannen kommt keine andere derartige Sammlung an.

Am Dreikönigstag 1733 hatte in Oberaichbach die Erde gebebt. Die ganze Gemeinde war gerade beim Gottesdienst versammelt, als die Katastrophe geschah. Es entstanden ein großer Tumult und viel Geschrei, zum Glück aber kam wohl niemand ums Leben. Auch die Friedhofsmauern hatte es erwischt, die Kühe nutzten die Gelegenheit, auf den Gräbern zu weiden. Hoffentlich sind die 7000 Oberaichbacher Kaffeekannen gut gegen Erdbeben gesichert. Was gäbe das für einen Scherbenhaufen!

Ein Schild am Wege begrüßt uns im Landkreis Dingolfing-Landau. Wieder begegnet uns ein Löwe im Wappen, dieses Mal ein besonders sportliches Exemplar, das im linken unteren Wappenfeld die Wolken (oder Berge?) zu erklimmen scheint. Respekt! Rechter Hand taucht eine kleine Ortschaft auf, mit einer schlossartigen Anlage auf dem Hügel: Niederviehbach.

Das Schloss ist kein Schloss, sondern ein traditionsreiches Kloster, welches auf das 13. Jh. zurückgeht. Zunächst von Augustinereremitinnen bewohnt, gehört es heute den Dominikanerinnen, die es als Realschule nutzen. Der Standort des Klosters sei Ochsen zu verdanken, die ein Gespann mit einem Marienbild auf den Hügel gezogen hatten. So die Legende. Einen dummen Ochsen wird einen in Niederviehbach also bestimmt keiner nennen.

Dingolfing

An Loiching und Teisbach vorbei erreichen wir den Stausee Dingolfing. Malerisch liegen Ruderboote auf dem spiegelglatten Wasser. Nach wenigen Kilometern haben wir Dingolfing erreicht, die Bronzeplastik eines Isarfischers begrüßt uns am unteren Markt, dessen freundliche Häuser uns mal ihre Giebel-, mal ihre Traufseite zeigen. Wir fahren über Kopfsteinpflaster weiter, als sich uns ein eigentümliches Haus in den Weg stellt, das groß sein Maul aufreißt. Sollen wir da hindurch? Ein Tor, mitten in der Stadt. Üblicherweise führt ein Tor in eine Stadt hinein oder aus ihr heraus. Nicht so in Dingolfing. Den historischen Reiserbogen muss passieren, wer von der Unterstadt in die Oberstadt will. Wie kam es zu dieser Merkwürdigkeit? Wieder ist ein Kampf zwischen einem Herzog und einem Bischof Schuld. Die Bischöfe früherer Zeiten beschränkten sich keineswegs auf die Seelsorge. Auch in weltlichen Dingen wollten sie das Sagen haben. Nachdem die Wittelsbacher ein Städtchen auf den Berg gesetzt hatten, wollten die Regensburger Bischöfe sich zumindest das Ufer sichern und bauten eine Stadt ins Tal. Oberstadt und Unterstadt verbindet der Steinweg, der Reiserbogen aber, das innerstädtische Tor, konnte verschlossen werden. Im 13. Jh. konnte man die hölzernen Türen entfernen: Nun waren die Herzöge die alleinigen Herrscher über die Stadt.

Steil geht es nun zur Oberstadt hinauf. Doch die Anstrengung lohnt sich, allein schon wegen der hübsch renovierten Herzogsburg, in der sich nun das Stadtmuseum befindet. Besonders gefällt uns die Hauptfassade, an der es viel zu entdecken gibt: Treppengiebel, Lisenen, Biforien, gelungenes Formziegeldekor. Neben dem Museumseingang lädt die Stadt Dingolfing dazu ein, das Auto mit Solarstrom zu laden. Ein kleiner BMW macht Gebrauch davon. Ein Elektroauto, sehr hübsch, gewiss. Wo aber steckt das eigentliche Dingolfinger Kultgefährt? So sehr wir uns auch umblicken, nirgendwo können wir noch ein Exemplar von jenem Auto entdecken, das Dingolfings Aufstieg zur Automobilstadt begründet hat.

Das Goggomobil

Du, Dingolfing im Lande Bayern, bist die geringste nicht unter den Automobilhochburgen Deutschlands! Steht das nicht in der ADAC-Motorwelt? In der Nachkriegszeit wurde an den Ufern der Isar eines der legendärsten deutschen Autos gebaut, das Goggomobil. Mit Motorrollern hatte sich die Firma Glas bereits einen Namen gemacht, als sich immer mehr Fahrer ein Dach über dem Kopf wünschten. So bastelte man das Goggomobil zusammen, einen günstigen Kleinwagen, der nur 3000 Mark kostete. Schnell schlug er die Konkurrenz in die Flucht, Messerschmitts Kabinenroller und die Isetta von BMW. Als mit dem Wirtschaftswachstum auch die Ansprüche wuchsen, schickte die Firma Glas 1958 das „Große Goggomobil" ins Rennen und gab ihm kurz darauf den schönen Namen „Isar". Ein wahrhaft schickes Auto! Zweifarbige Lackierung, Heckflossen, Panorama-Windschutzscheibe, schlüssellochförmige Heckleuchten. Und satte 20 Pferdestärken! Damit beschleunigte man den „Isar" von 0 auf 100 in exakt 40 Sekunden. Probleme bereitete anfangs das Alugehäuse der Motoren. Fuhr man länger, verformte es sich und verdoppelte so den Kraftstoffverbrauch. Auch war die Karosserie nicht für rumplige Landstraßen ausgelegt, es konnte schon mal dazu kommen, dass der Fahrer plötzlich unerwünscht Zugluft bekam, weil die schicke Panorama-Frontscheibe aus dem Rahmen gefallen war.

Goggomobil des Typs „Isar"

Stausee am Unterlauf bei Dingolfing

Aus dem Rahmen fiel auch das sportliche Coupé S1004, der Porsche des kleinen Mannes. Die Autos von Glas wurden immer schicker, ein italienischer Designer schenkte ihnen schnittige Formen, mit deren Hilfe man in die Oberklasse vordringen wollte. Das aber verhinderte der „Big Brother" aus München. Im Jahr 1966 übernahm BMW die Dingolfinger Autoschmiede für neun Millionen Mark. Man klebte das neue Logo auf die Autos und ließ den Goggo und seine Brüder auslaufen. Bei zahlreichen Liebhabern aber lässt das Goggomobil weiter die automobilen Herzen höherschlagen. Es ist aber auch zu putzig.

Um mit einem üblen Gerücht aufzuräumen: Der Name „Goggo" kommt nicht von „Go! Go"!", den aufmunternden Anfeuerungsrufen der Zuschauer, die erleben wollten, wie der Kleinwagen in die Gänge kommt. „Gogg" war er Spitzname des Enkels von Hans Glas, dem Firmengründer. Lustige Laune des Schicksals: Nachdem Dingolfing mit dem Goggomobil das billigste und einfachste deutsche

Stadtmauer mit Storchenturm in Dingolfing

Auto geboren hat, gebiert die Stadt heute im größten BMW-Werk der Welt die teuerste und eleganteste Limousine, den BMW der 7er-Reihe. Was für eine Kutsche! BMW bezeichnet sie bescheiden als innovativste Luxuslimousine der Welt. Laserlicht, Gestensteuerung und satte 265 PS. Für gute 100.000 Euro könnten wir die Isarreise etwas bequemer fortsetzen. Aber Bequemlichkeit ist aller Laster Anfang. Außerdem fährt man so einen Schlitten natürlich nur, wenn man sich zugleich einen Chauffeur leisten kann. Also aufgesessen und nicht gejammert!

Bevor wir weiterradeln, besehen wir uns noch den Markplatz mit dem angrenzenden verwunschenen Garten, dessen einer Teil aber dem Finanzamt gehört und nicht zugänglich ist. Oder doch? Es ist ein Schild, das uns stutzen lässt. „Privat" zeigt nach links, „öffentlich" nach rechts. Aber ist ein Finanzamt tatsächlich eine Privatsache? Die alte Stadtmauer hat man rekonstruiert. Bei Grabungsarbeiten stieß man auf eine antike Abfallgrube, in der sich unter anderem ein

Johannes der Täufer vor der Stadtpfarrkirche

Trinkhalm aus Vogelknochen fand. Über 7000 Jahre Siedlungsspuren, die ältesten innerhalb einer bayerischen Altstadt, wie uns eine Hinweistafel stolz berichtet. Hübsch erhebt sich der Storchenturm mit Spitzhaube und Wetterfahne über dem Ensemble.

Ignorieren tun wir den Stinkerturm. Den dort eingesperrten Gefangenen soll man keine Toilette zur Verfügung gestellt haben. Pfui! In rasender Fahrt geht es wieder den Berg hinunter. Gebremst wird bei der gotischen Pfarrkirche, die beiden Johannessen gewidmet ist, dem Täufer und dem Evangelisten. Ein Künstler hat sich für den Täufer entschieden. Mit einem liebevoll-kecken Lächeln steht er im bronzenen Kamelhaarmantel vor uns und segnet, auf einem Widderkopf stehend, ein Schaf. Die Pfarrkirche besticht durch ihre schlanke Eleganz. Unschwer erkennen wir, dass sie sich die Landshuter Stiftskirche zum Vorbild genommen hat.

Von Dingolfing nach Landau

Nun aber weiter zur Isar, zum Radweg. Die Sonne brennt jetzt von rechts. Floss sie im Oberlauf in nördlicher Richtung, hat sich die Isar seit Freising auf einen zunehmend östlichen Kurs begeben. Dieses Teilstück des Isarradwegs ist identisch mit einer Strecke eines Rundkurses, dem „Radweg der versunkenen Schlösser". Der 66 km lange Weg leitet einen zu den Ruinen. Aufgepasst: Das Symbol ist kein versunkenes Schloss, sondern eine stilisierte Kirche.

Ehedem hat es in Niederbayern zahlreiche Adelsgeschlechter gegeben, die ihre Untertanen beschützten oder tyrannisierten, je nach Laune und Charakter. Eng verknüpft ist der niedere niederbayerische Adel mit dem Begriff der Hofmark. Herzog Otto III. war in Geldnöten gewesen. Er versprach in der „Ottonischen Handfeste" vom 5. Juni 1311 den Ständen die Selbstständigkeit über die sogenannte niedere Gerichtsbarkeit, wenn sie bereit waren, ihm eine einmalige Steuer zu gewähren. Der Handel galt, Geld gegen Macht, die Herren der jeweiligen Hofmark, adelige und kirchliche, konnten nun in vielen regionalen Angelegenheiten selber Recht sprechen und von den Bauern und Handwerkern Fronarbeiten einfordern.

Ein Hinweisschild auf ein versunkenes Schloss, die Seemannskirchener Burganlage, lässt uns den Uferweg verlassen und eine schweißtreibende Bergfahrt in Kauf nehmen. Alles völlig umsonst, wir finden das besagte Schloss nicht. Entweder haben wir an der falschen Stelle gesucht oder aber das Schloss ist mittlerweile so gründlich versunken, dass nichts mehr von ihm zu sehen ist.

Wenig später erreichen wir Mamming. Die „-ing-Orte" häufen sich am rechten Isarufer. Man nimmt an, dass sie im 5./6. Jh. entstanden und damit deutlich älter sind als die ebenfalls häufigen „-hofen" oder „-kofen". Leider ist die spätgotische Pfarrkirche von Mamming zerstört worden. Man hatte versucht, die vorrückenden Amerikaner zu stoppen. Heftiger Artilleriebeschuss führte dann zur Katastrophe von Mamming. Stolz dürfen die Mamminger dennoch sein, bereits im Nibelungenlied eine kleine, aber nicht unwesentliche Rolle gespielt zu haben. „Des fürsten swester kint", die Nichte des Passauer Bischofs Wolfger von Erla, soll aus Mamming stammen. Wolfger (um 1140–1218) war einer der prominentesten Literaturfreunde des hohen Mittelalters. Er war mit Walther von der Vogelweide befreundet und wohl auch mit dem unbekannten Schöpfer des Nibelungenliedes, der seinen Mäzen in demselben verewigte.

Stolz dürfen die Mamminger aber auch noch aus einem anderen Grunde sein: Hier blüht sie noch, die Deutsche Tamariske, überall sonst in Niederbayern ist sie ausgestorben gewesen. Biologen züchteten die Mamminger Tamariske nach und setzten sie an Baggerweihern aus. Auf kiesigem Grund gedeiht sie nun wieder an verschiedenen Orten entlang der Isar. Auch an der Mündung soll sie sich wieder heimisch fühlen.

Bei Mamming wird die Isar sehr breit

Auf der Weiterfahrt fängt es plötzlich an zu schneien. Dichte weiße Flocken treiben über und durch den Auenwald. Schnee im Juni? Wohl kaum! Reich ausgestreute Samen, vielleicht von den hohen Pappeln, sorgen für den winterlichen Eindruck.

Bald stehen wir vor den Resten einer alten, 1875 eröffneten Bahnlinie, welche einst die Isar kreuzte. Von Rosenheim nach Plattling führte die Strecke, Teilstück der Europastrecke Prag–Italien. Besonders anspruchsvoll ist die Überbrückung der noch nicht gezähmten Isar gewesen. Zu einer Hauptbrücke von 180 m Länge mussten noch drei Flutbrücken von 93 m errichtet und das Bett der Isar verlagert werden. Eine Meisterleistung der Ingenieurskunst. 1969 kam dann das Ende der Strecke, die Brückenwerke wurden wieder abgerissen.

Etwa 5 km geht es nun am Ufer eines neuen Stausees dahin, dann halten wir bei einem Wegweiser an, schieben einen steilen Hang hinauf, queren ein Sträßlein und gelangen zu einem der größten Naturwunder des Isartals.

Der Wachsende Felsen von Usterling

Meist ist es anders. Genau andersherum. Meist gräbt sich ein Bach in den Stein hinein, wäscht sich sein immer tieferes Bett in den Fels, bis eine Schlucht, eine Klamm entsteht. Nicht so an diesem lauschigen Ort. Hier baut sich ein Bach einen Felsen auf, einen hohen und immer höher werdenden schmalen Kamm, über den er in einer Rinne munter hinwegfließt, um am Ende über eine Felsnase in ein natürliches Becken zu fallen. Nur eine Hand ist die hohe Felswand breit, über die das Wasser entlangbalanciert, ein seltenes Schauspiel.

Wie ist der Johannisfelsen von Usterling entstanden? Aus einer Quelle des Berghangs strömt stark kalkhaltiges Wasser. Wenn es in Kontakt mit dem Kohlendioxid der Luft kommt, fällt der Kalk aus, Moose halten ihn fest und bilden Tuffstein, die Rinne wächst und wächst. Man schätzt ihr Alter auf 5000 Jahre. Das Bett der Rinne wird von Algen ausgekleidet und abgedichtet, jede entstehende Lücke wird sofort wieder verschlossen. Fast 40 m ist die steinerne Rinne von Usterling lang und bis zu 5 m hoch, die größte Tuffsteinrinne in ganz Deutschland.

Man schreibt dem Bach magische Fähigkeiten zu. Hat man ein Augenleiden, soll man sein Gesicht

Er wächst und wächst und wächst: der Wachsende Felsen von Usterling

mit dem Wasser benetzen und man wird gesunden. Heidnische und christliche Bräuche mischen sich auch hier, wie so oft in Bayern. Über dem Felsen steht eine Johannes-Kapelle, am Fuße des Felsens ist Johannes der Täufer in einem Bildstock zu sehen. Vielleicht hat man einst die Kinder über das Becken des Baches gehalten und mit dem aus der Rinne fallenden Wasser getauft.

Nur ungern verlassen wir diesen Ort. Es ist so wunderbar kühl und schattig hier, die Luft durchfeuchtet von den Tröpfchen des seltsamen Rinnsals. Auch selten geworden Pflanzen und Tierarten scheinen sich hier heimisch zu fühlen: Felsblümchen in magischem Blau leuchten uns entgegen und auf dem nahen Wegstück kreuzt eine Blindschleiche unseren Weg. Schlangenphobiker, nicht erschrecken! Die Blindschleiche ist keine Schlange, sondern, wie der Name schon sagt, eine harmlose Schleiche.

Nach weiteren 3 km grüßt der Kirchturm des nächsten, größeren Isarstädtchen aus dem Grün: Landau.

Pfarrkirche Mariä Himmelfahrt in Landau

Landau

Wieder gibt es eine obere und eine untere Stadt, die obere geht auf den Gründer Landshuts zurück, auf Ludwig den Kelheimer. Landau war der östlichste Punkt seines Herrschaftsgebietes. Die mittelalterliche Herkunft sieht man dem Städtchen noch an, auch wenn sich Landau heute in freundlich renovierten Kleidern zeigt. Am oberen Stadtplatz hat man in der ehemaligen Residenz des Herzogs das Niederbayerische Archäologiemuseum eingerichtet. Wer will, kann hier eigene Ausgrabungen durchführen, allerdings nur online. Doch wer weiß?

Vielleicht finden sich auch in den Tiefen des Netzes noch unentdeckte Schätze.

Eine der schönsten Barockkirchen an der unteren Isar ist die Stadtpfarrkirche St. Mariä Himmelfahrt in der oberen Stadt. In ihr die Kräuterweihe im August mitzuerleben soll ein Ereignis sein, erzählt uns eine Landauerin, die wir nach dem Weg fragen. Solch ein Duft, solch eine Frömmigkeit! Wir setzen uns in eine der hinteren Bänke. Es ist der rechte Ort, an einen der vortrefflichsten Landauer zu erinnern.

Pfarrer Huber, mutiger Kämpfer gegen das Unrecht

1940 verhaftet man ihn zum ersten Mal. Wegen einer Grabrede. Ja, selbst auf dem Friedhof lauern die Spitzel der Nazis. Johann Baptist Huber hat nie ein Hehl daraus gemacht, was er von ihnen hält, bekämpft sie, wo er nur kann. Jetzt genauso, wie vor der Machtergreifung. Die Nazis sind Deutschlands Unglück, davon ist Landaus Stadtpfarrer fest überzeugt. Sie versuchen alle Teile des Staates zu durchdringen, wollen selbst die Kirchen und die Gläubigen in die Knie zwingen. Da macht Huber nicht mit. Wann immer es geht, predigt er gegen den Ungeist der neuen Zeit, klagt die Nazis an, benennt ihre Verbrechen. Auch wenn es längst verboten ist: Er macht den Landauern Mut, Flagge zu zeigen, ermuntert sie, die Fahnen des Kolpingwerks und des katholischen Sportvereins, der DJK, wehen zu lassen und die Hakenkreuzfahne zu verachten. Und wenn alle wie besoffen scheinen von den Erfolgen der Wehrmacht, dem Blitzkrieg gegen Frankreich, dem Einmarsch nach Polen, Pfarrer Huber verurteilt den Krieg aufs Schärfste.

Der Priester weiß, was Krieg bedeutet, war selbst im Ersten Weltkrieg an der Front, hat sich durch Tapferkeit ausgezeichnet, ist verwundet worden. Für die Soldaten der Garnison Passau hat er Gottesdienste organisiert und Exerzitien abgehalten. Nun bemüht er sich darum, ihre Feldpostadressen zu erfahren, schickt den Soldaten das Bistumsblatt, die Heimatzeitung und persönliche Schreiben an die Front, kleine gereimte Schilderungen des Gemeindelebens in Landau, eine Verdammung des Krieges.

Mariä Himmelfahrt mit sechs der acht Seitenaltäre

Ein Rundbrief vom 26. Januar 1942: „Sebastiani-Sonntag in der Früh, war hier Aufmarsch wie noch nie. Männer, Frauen, Groß und Klein – zur Prozession sich reihten ein, zu beten, wie es alter Christenbrauch – von Pest, Hunger, Krieg o Herr, erlös uns auch!" Erlös uns vom Krieg? Wehrkraftzersetzung ist das! Was erlaubt sich dieser Pfarrer von Landau! Hetzt die Menschen auf! Zieht den großen heiligen Krieg in den Dreck! Man verwarnt den Gottesmann scharf, droht ihm. Vergebens: Huber lässt sich nicht einschüchtern, macht unverdrossen weiter.

14. April 1942. Gestapo fährt beim Pfarrhaus vor, dringt in das Haus ein, verhaftet den mutigen Pfarrer und bringt ihn nach Landshut, ins Gefängnis. Am 5. Juni verlegt man ihn nach Dachau, ins Konzentrationslager. Häftlingskleidung gibt man ihm und seine Häftlingsnummer: 30.353. Mit seiner Gesundheit geht es rapide bergab. Den Strapazen des KZs ist der Körper des 50-Jährigen nicht gewachsen, er wird schwächer und schwächer.

8. September 1942, München, Schwabinger Krankenhaus. Die Schwestern erschrecken, als der ausgezehrte Priester eingeliefert wird. Nur noch Haut und Knochen ist er, hat dennoch ein Wort des Trostes und des Humors für die Schwestern übrig. Die Behandlung kommt zu spät, man kann nichts mehr für ihn tun. Wenige Tage später ereilt ihn der Tod.

Beerdigen? In Landau? In seiner Pfarrgemeinde? Natürlich nicht! Feige wollen die Nazis ihre Gräueltaten verschleiern, geben die Leiche nicht frei, lassen sie zurück nach Dachau schaffen, verbrennen sie im Krematorium. Auch die Asche aber darf nicht nach Landau, muss woanders bestattet werden. Bloß keinen Helden, bloß keinen Märtyrer! Die Landauer haben ihren Priester dennoch nicht vergessen. Jedes Jahr findet ihm zu Ehren eine Gedächtniswallfahrt statt, zieht man von der Stadtpfarrkirche St. Maria zur Wallfahrtskirche Maria im Steinfels. Johann Baptist Huber, ein aufrechter Mann, ein Kämpfer für die Sache Christi.

Mutige Menschen, wohin wir auch kommen. Schade, dass viele dieser Helden mancherorts in Vergessenheit geraten sind. Zu jedem Kriegerdenkmal sollte man ein Denkmal der Aufrechten stellen. Ihre Namen erscheinen doch mindestens so wichtig.

Wir treten aus der barocken Kirche. Wie Landau, so sind auch die meisten Isarstädte katholisch geprägt. Eine starke protestantische Gemeinde gibt es in Geretsried, denn unter den Vertriebenen, die dort strandeten, sind viele evangelische Christen gewesen. Auch München kann nur noch eingeschränkt als katholische Stadt bezeichnet werden, ist doch nur noch jeder dritte Münchner Mitglied der katholischen Kirche.

Die wohl bekannteste Landauerin ist die Schauspielerin Uschi Glas. Im März 1944 als Helga Ursula Glas in dem Isarstädtchen geboren, wurde sie mit 24 Jahren auf einen Schlag berühmt. In dem Streifen mit dem programmatischen Titel „Zur Sache, Schätzchen“ legte sie gekonnt einen Striptease hin – auf dem Polizeirevier. Bald jedoch entschied sie sich für Rollen, bei denen sie ihre Kleider anbehalten durfte, und wurde zu einer der meist beschäftigten deutschen Schauspielerinnen. Unzählige Jungs verliebten sich in die süße Freundin von Winnetou und Old Shatterhand, mit dunkler Perücke und Lederfransen verzückte sie als Halbblut Apanatschi die Jugend der Welt. Beispielhaft ist ihr soziales Engagement. Nicht nur für Kranke und Behinderte setzt sie sich ein, selbst Helmut Kohl sprang sie mit einer Spende bei, als dieser im Strudel der Parteispendenaffäre zu verarmen drohte. Immer noch steht sie vor der Kamera, die Zahl ihrer Filme geht weit über 100. Welcher die meisten Klicks auf YouTube erhält? Dreimal dürfen Sie raten!

Wie Dingolfing, so hat auch Landau eine reiche automobile Tradition. Mit kleinen Goggomobilen aber hat man sich in Landau nicht abgegeben, hier dachte man groß, ganz groß. Seit den 1970er-Jahren werden im nahen Pilsting von der Firma Auwärter große Omnibusse gebaut, bekannt durch den Namen Neoplan. Wie licht, wie filigran sind die früheren Busse gewesen! Auf dem linken Isarufer von Landau soll man sie noch bewundern können, die hübschesten historischen Exemplare. In unsere Fahrradkarte ist das Auwärter-Museum eingezeichnet, doch es versteckt sich vor uns. Auch Passanten, die wir fragen, können uns nicht weiterhelfen, schade! Also, so ein gläserner Neoplan! Schon ein schickes Teil. Und die Erinnerung an all die Ausflüge und Reisen, die man damit unternommen hat. Wissen Sie, woher die Bezeichnung Neoplan stammt? Sie ist ein Akronym aus den 1950er-Jahren und steht für Neuzeitliche Omnibus-Planung.

Zu Füßen des modernen Turmes der Freiwilligen Feuerwehr setzen wir uns nieder. Nach einem Weilchen aber kommen wir ins Grübeln. Eine Uhr an einem Feuerwehrturm? Wir schauen näher hin und stellen fest, dass wir uns getäuscht haben. Der Feuerwehrturm ist ein Kirchturm, auch wenn die dazugehörige Kirche St. Johannes sich getrennt von dem Turm ein Stück dahinter befindet. Eine moderne Kirche am Isarufer? Eine solche haben wir noch nicht besucht, und so treten wir ein. Kühle, blaue Stille empfängt uns. Wiederum ein katholisches Gotteshaus, wie wir an Details erkennen können. Am Tabernakel, an den Gesangbüchern und besonders an einem kleinen Wäldchen, das man neben dem Ausgang gepflanzt hat. Leuchtende Birkenstämme stehen in weißen Plastikeimern. Stimmt! Fronleichnam ist ja morgen. Die Birken sollen Prozession und Kirche schmücken.

Um wieder zum Isarradweg zu gelangen, nehmen wir einen kleinen, aber hübschen Umweg. Eine zweite Radroute kreuzt Landau, der Bockerlbahn-Radweg. Die Bockerlbahn war ein Zug, mit dem man von Landau über Aufhausen und Simbach bis nach Arnstorf fahren konnte. Wenn man gute Nerven besaß. Denn an mancher Steigung „bockte“ die Bahn, was ihr zu ihrem Namen verhalf. Aus der Bahnlinie hat man heute einen Radweg gemacht, der uns in einem Bogen zum Isarradweg bringen wird. Wir staunen nicht schlecht, als wir unten in den Isarauen plötzlich ein stattliches Schiff liegen sehen. „MS Landau“ hat man ihm auf den grauen Rumpf gepinselt, sonntags gibt es Kaffee und Kuchen an Deck. Schade, dass wir Mittwoch haben. Welche Geschichte mag mit diesem Schiff verbunden sein? Es sieht ziemlich militärisch aus. Wir stoppen und ziehen unser Smartphone aus der Tasche. „MS Landau“ – Google schlägt uns die Mittelschule Landau vor, auch die örtliche Selbsthilfegruppe für an Multipler Sklerose Erkrankte. Das Geheimnis der Fregatte aber bleibt ungelöst. Wenn es denn eine Fregatte ist. Ob sie auf dem Wasserweg hierher gefunden hat? Wohl kaum, die Isar ist nicht schiffbar. Zwar wäre sie es heute womöglich durch all die Staustufen und Seitenkanäle, zumindest bis nach Wolfratshausen. Den zahlreichen Wehren aber hat man keine Schleusen spendiert und außenrum tragen lässt sich solch ein Kahn natürlich nicht, er ist ja kein Schlauchboot.

Über die ehemals längste selbsttragende Stahlbetonbrücke Bayerns, ein durchaus elegantes Bauwerk, gelangen wir nun auf die südliche Isarseite. Beim Weiterradeln grübeln wir darüber nach, ob auch die

Der hl. Nepomuk: ein großer Schweiger

Feuerwehr? Nein, der moderne Kirchturm von St. Johannes in Landau

Bockerlbahnbrücke, heute Radweg

Vorfahren von Kurt Landauer aus Landau an der Isar stammten. Er war einer der ersten und einflussreichsten Präsidenten des FC Bayern München, als junger Mann hatte er selbst im Vereinstrikot zwischen den Pfosten gestanden. Obwohl man ihn in Dachau eingesperrt hatte, bevor ihm die Flucht in die Schweiz gelang, und vier seiner Geschwister von den Nazis ermordet worden waren, kehrte er nach dem Krieg an die Isar zurück und wurde erneut Präsident der Bayern. Woher hat er die Kraft zu verzeihen genommen?

Von Landau nach Plattling

Unser Radtourenbuch schlägt uns nun eine Variante abseits der Isar durch das Landesinnere vor, kleine beschauliche Dörfer würden den kleinen Umweg lohnen. Wir aber halten der Isar die Treue und radeln weiter durch das Tal, wobei wir bald feststellen müssen, dass der

Tipp des Radtourenbuches wohl seine Berechtigung hatte. Landschaftlich ist es nicht der reizvollste Isarabschnitt, hohe Dämme haben den Fluss eingedeicht und lassen eine leise Monotonie aufkommen. Doch auch diese hat ihre Reize, zumal man außerdem auf manche Überraschung trifft.

Hübsch angelegt ist ein Fischerei-Lehrpfad zwischen Unterframming und Zeholfing. Auf großen Tafeln sind die wichtigsten Isarfische eindrucksvoll abgebildet und beschrieben. Erstaunlich, was sich in den Isarfluten so alles tummelt! Unser persönlicher Favorit ist der Huchen.

Huch, ein Huchen!

Wenn Sie ein Bad in der Isar nehmen und es streift Sie ein knapp 1,50 m langes Ungetüm, dann ist es mit ziemlicher Sicherheit ein Huchen gewesen. Er ist der König der Isar, der größte der zahlreichen Kiementräger, die sich in ihren Wellen baden. Sie brauchen dennoch nicht erschrecken, seine Bekanntschaft zu machen. Zwar ist der Huchen ein Raubfisch, der mit seinen vier bis acht hakenförmigen Zähnen herzhaft bzw. schmerzhaft zubeißen kann, auf seinem Speiseplan aber stehen vor allem kleine Fische. Nur ab und an schnappt er sich ein Mäuschen oder auch mal ein flauschiges Entenbaby. Zürnen Sie ihm deshalb nicht! Von irgendwas muss er schließlich leben.

Der Huchen mag es kalt. Im Mittel- und Oberlauf der Isar kommt er nicht ins Schwitzen, weshalb er den Unterlauf üblicherweise meidet. Gerne laicht der Lachsfisch auf kiesigem Grund, weshalb es ihm in der Isar auch so gut gefällt. Wenn Sie ihn angeln wollen, müssen Sie Geduld aufbringen. So leicht lässt sich ein ausgewachsener Huchen nicht ans Ufer ziehen. Beißt er an, zeigen Sie sich bitte nachgiebig. Man muss manchmal einige hundert Meter das Ufer entlanglaufen, bis der Fisch müde wird. Müde werden auch Sie, wenn Sie Ihren Mordsfang dann zum Auto tragen. So ein Huchen kann es auf gute 30 kg bringen. Zum Grillfest sollten Sie also alle Ihre Freunde einladen. Wirklich alle.

Der Huchen: König der Isar

Natürlich halten wir auch an den anderen Fischtafeln und lernen auf diese Weise eine Menge über die Flossentiere der Isar. Das einzige, was man verbessern könnte: Es fehlen die Kochrezepte. Wie bereitet man eine Elritze zu? Oder eine Nase? Kein Witz, einen solchen Fisch gibt es wirklich. Auch in der Isar. Soll man die Nase jedoch sanft in Almbutter braten und mit Biozitrone beträufeln oder besser mit Zwiebeln und Pfifferlingen zubereiten? Auf diese Frage finden wir keine Antwort.

Bei Westerndorf führt der Isarradweg ans nördliche Ufer. Kurz darauf kommen wir an einer ungewöhnlichen Plantage vorbei. Zahlreiche alte Bäume stehen hier sorgsam in Reihen, man hat sie auf Mannshöhe gestutzt, wohl, um leichter ernten zu können. Aus dem alten, dunklen Holz schießt frisches Grün, doldenförmige weiße Blüten kontrastieren dazu, ein zauberhaftes, fast mediterranes Bild. Zwar sind wir keine Pflanzenexperten, jedoch glauben wir, dass es sich um eine Holunderplantage handelt. Holunder wird ja auch heute wieder nachgefragt, wie viele Kultgetränke gibt es mit Holundergeschmack. Auch ein Glas Sekt mit einem Schuss Holundersirup würden wir nicht ausschlagen.

Bei Oberpöring gelangen wir wieder ans südliche Ufer. Ein Gedenkstein aus Granit bittet um Beachtung. Im Mai 1945 hat sich hier ein schweres Bootsunglück ereignet, die Namen der Ertrunkenen hat man in die Rückseite des Felsen gemeißelt. Nur ein Name fehlt, der eines unbekannten Soldaten. In irgendeiner Stadt wird auf irgendeinem Gedenkstein sein Name stehen, daneben die Worte „vermisst" oder „unbekannt verschollen". Schlimm, sein Kind, seinen Bruder, seinen Mann im Krieg zu verlieren, schlimmer noch, wenn man nichts über sein Schicksal erfährt.

Holunderplantage bei Westerndorf

Auch Oberpöring war einst eine selbstständige Hofmark, das Schloss allerdings wurde 1834 niedergerissen, nicht jedoch das hübsche Schlösschen von Niederpöring. Was man anderswo als Herrensitz bezeichnet, ist in Niederbayern ein Hofmarkschloss.

In Niederpöring entdecken wir eine absolute Rarität. Hier gibt es tatsächlich noch ein Velodrom, ein Radstadion, also eine Bahn mit echten Steilkurven, wie man sie von Olympia oder den früheren Sechstagerennen kennt. Dort aber fährt man auf Holz oder Kunststoff in Hallen, in Niederpöring open air auf Beton. Am Häuschen der Rennleitung sind die Bahnrekorde angebracht. „ZF" steht wahrscheinlich für „Zeitfahren". Alle Rekorde datieren aus den letzten Jahren des letzten Jahrhunderts. Ob hier heute noch Rennen stattfinden? Es würde uns reizen, eine Runde im Isar-Radstadion zu drehen, aber ein Zaun versperrt uns leider den Weg. Schade!

Dicht am begleitenden Deich entlang geht es nun weiter in nordöstlicher Richtung. Von rechts treten Auwälder dicht heran, Altwas-

Ertrunken in der Isar: Gedenkstein für die Opfer eines Bootsunglücks bei Oberpöring

ser dümpeln dazwischen, auf denen zarte Wasserpflanzen blühen. Kein Dorf, keine Siedlung, ja kein einziges Haus über eine weite Strecke. Schließlich erreichen wir einen mächtigen Damm. Über riesige Turbinen stürzt sich das Isarwasser hinab und sorgt so für grünen Strom, das letzte Kraftwerk vor der Mündung. Vom Staudamm aus haben wir einen weiten Blick über das Land.

Ein gänzlich neues Panorama präsentiert sich uns. Nördlich kommt Plattling in den Blick, ein mächtiger Wasserturm, der die Stadt überragt. Weiter östlich in den dichten Wäldern muss das Isardelta liegen, die Mündung in die Donau, welche sich versteckt am Fuße der blauen, hohen Hügelkette im Osten entlangschlängeln muss, dem Bayerischen Wald. Rings um uns her fette Erde. Dunkel und saftig schimmert es durch das aufschießende Kraut, der Gäuboden. Während der letzten Eiszeit hatten Stürme reichlich kalkhaltigen Staub hierher gewirbelt, bis zu 6 m dicke Lössböden wuchsen heran. Reiche Ernte, reiche Bauern. Auf den Feldern wachsen die Zuckerrüben, dass es eine Freude ist.

Hinter den Bäumen ist Plattling fast schon in Sicht!

Auch Getreide und Mais gedeihen aufs Beste und natürlich die berühmten Gurken. Auf langen Auslegern werden im Herbst wieder die Erntehelfer über die Felder schweben und zupfen, was das Zeug hält. Zu groß dürfen die Gurken nämlich nicht werden, sonst passen sie nicht ins Glas, darum herrscht stets Galopp auf den Gurkenfliegern.

Doch nun auf nach Plattling! Vorher aber radeln wir noch durch das Kirchdorf Pielweichs, wo uns ein schattiger Biergarten einlädt, unseren Flüssigkeitsverlust mit einer Apfelschorle auszugleichen. Der nette griechische Wirt bringt uns zudem einen Bauernsalat von astronomischer Größe. So gestärkt, dürften wir die Mündung locker erreichen.

Plattling

Plattling, die letzte Stadt vor der Donaumündung, die bayerische Zuckerrübenmetropole, erreichen wir in wenigen Minuten. Weil die Isar, launisch, wie sie ist, sich nie entscheiden konnte, welcher Weg ihr wohl am besten gefiel, trat sie dauernd über die Ufer und verlegte ihr

Bett mal nach links, mal nach rechts, schlug auch mal eine elegante Schleife, um bald darauf lieber eine Abkürzung zu suchen. Plattling seufzte darüber sehr. Ständig bekamen die Häuser nasse Füße, musste sich die Stadt auf die Suche machen nach einem höheren, einem trockeneren Ort. Ursprünglich lag Plattling sogar einmal am östlichen Ufer, bis die Isar die Stadt auf die westlich Seite verdrängte.

Bedingt durch die verkehrsgünstige Lage im Tal von Isar und Donau hat es schon immer viele Menschen hierhergezogen. Am Preysingplatz, am historischen Gasthof zur Post, zählt eine Tafel prominente Gäste auf: Napoleon, Kaiserin Maria Theresia, Kaiser Leopold, Kurfürst Karl Theodor. Die früheste Berühmtheit aber, die in Plattling Station gemacht haben soll, dürfte Kriemhild gewesen sein. Ihr Gatte, der tapfere Siegfried, konnte sie auf dieser Reise nicht mehr begleiten, bekanntlich ist er einem Komplott zum Opfer gefallen, und das kam so: Kriemhilds Lieblingsfeindin Brünhild, Mit-Finalistin des Wettbewerbs „Deutschland sucht die Superfrau“, wollte ihren Ohren nicht trauen, als man ihr zuflüsterte, nicht Gunther, ihr Mann, sondern dessen Freund Siegfried, Kriemhilds Gemahl, habe ihr die Jungfräulichkeit gestohlen. Vielleicht hat sich die Schöne auch nur über sich selbst geärgert, dass ihr die fremde Haut nicht aufgefallen ist, denn üblicherweise weiß eine Dame von Welt, mit wem sie ins Bett steigt. Sei es wie es sei, Brünhild jedenfalls brütete finstere Racheplpläne, an denen sich auch Hagen beteiligte, der endlich an den Nibelungenschatz gelangen wollte. Der charakterschwache Gunther musste für die Mordtat herhalten. Hinterrücks stieß er

Das Museum für den Beschützer der Isarbrücken in Plattling

Der Donau entgegen

dem Freund, der doch nur auf Gunthers eindringliche Bitte hin die eheliche Vorarbeit geleistet hatte, das Schwert in die verletzliche Rückenpartie, an der ein Blatt das schützende Drachenblut ferngehalten hatte. Diese Form übertriebener Akupunktur überlebte Siegfried nicht, Kriemhild wurde zur Witwe. Als König Etzel, der mächtige Hunne, um ihre Hand anhielt, sah sie die Chance gekommen, es den Nibelungen heimzuzahlen. Also machte sie sich auf den Weg nach Ungarn, und zwar mit Station in Plattling, wo sie den Bischof Pilgrim von Passau traf, eine der wenigen Personen des Nibelungenliedes, deren historische Existenz belegt ist.

Die Plattlinger feiern diese in der 21. „Aventüre" des Nibelungenlieds beschriebene Szene in schöner Regelmäßigkeit und mit historischen Gewändern bei ihren Nibelungenfestspielen. Alle vier Jahre ist die rachedurstige Kriemhild auf der Bühne zu Gast, alle zwei Jahre hält man außerdem den Nibelungenmarkt ab. Öfters musste auch schon der Drache dran glauben, ein berentetes Modell aus Furth, wo der Drachenstich große Tradition besitzt.

Hätte nicht Kriemhild viel mehr Grund gehabt, Mordgedanken gegen Siegfried zu hegen? Immerhin ist sie durch dessen Fehltritt ebenfalls betrogen worden, und zwar als Ehefrau, was uns schwerer zu wiegen dünkt. Kriemhild scheint eindeutig die tolerantere der beiden Frauen gewesen zu sein. Zur Entschuldigung Siegfrieds muss zudem angeführt werden, dass er sich bei der Ausübung seines Manövers im Bett von Kriemhild nicht unter seiner Tarnkappe versteckt hielt, wodurch der Täuschungsvorwurf doch deutlich abgemildert wird.

Nahe der Kirche, auf dem Weg zum Rathaus, befand sich die Knabenschule Plattlings. In den letzten Monaten des Zweiten Weltkriegs

Von romantischem Zauber: St. Jakob in Plattling

quartierte man hier entsetzlich abgemagerte Menschen ein, Häftlinge des Konzentrationslagers Flossenbürg. Nur noch die Abschlussklasse beließ man in der Schule, Wand an Wand mit den Todgeweihten wurde der Unterricht abgehalten. Wie mag es den Kindern dabei ergangen sein? Ein älterer Herr erinnert sich. Tiefes Mitleid habe er mit den Häftlingen empfunden, wann immer es möglich war, habe er versucht, ihnen heimlich etwas von seinem Pausenbrot zuzustecken. Auch vielen der Plattlinger Frauen brach es das Herz, wenn sie die tägliche Häftlingskolonne durch die Stadt marschieren sahen. Obwohl es streng verboten und gefährlich war, versuchten auch sie, Leid zu lindern und ihr knappes Brot mit den Misshandelten zu teilen. Am 1. Mai 1945 wurden die wenigen Überlebenden von den US-Soldaten befreit.

Plattling ist sicher nicht ohne Reize, wir aber spüren, dass unsere Konzentration nachlässt. Das mag an der fortgeschrittenen Tageszeit liegen, den vielen Kilometern im Sattel. Es liegt aber wohl auch daran, dass die Mündung so nahe ist. Die zieht uns jetzt magisch an, wir wollen endlich erleben, wie sich die Isar in die Donau verabschiedet.

Entlang der Passauer Straße radeln wir zur Isar hinunter und entdecken dabei ein Haus, dem wir trotz unsere Mündungsneugier einen Besuch abgestattet hätten, wäre es nicht heute geschlossen gewesen. Diese Plattlinger! Sie haben tatsächlich dem hl. Nepomuk ein eigenes Museum gewidmet, Johann Nepomuk, dem treuen Begleiter

Artenreiches Mündungsdelta ▶

unserer Reise, der an kaum einer Brücke fehlen durfte, dem Beschützer der Flößer und Schiffer, vielleicht auch der untreuen Ehefrauen, denn für seine Verschwiegenheit musste er ja sterben.

Ein letztes Mal geht es nun über die Isar hinüber, unmittelbar am Ufer liegt die ehrwürdige Kirche St. Jakob, die man bereits 1188 geweiht hat. Vielleicht war sie einmal das Zentrum des alten Plattlings, bevor man die Stadt auf die andere Isarseite verlegte. Jetzt steht sie recht isoliert dort, umgeben von einem Friedhof. Ein Gedenkstein in Pyramidenform erinnert an die jüdischen Opfer der Stadt Plattling.

Die Mündung

St. Jakob liegt hinter uns. Nun geht es an die letzte Etappe. Insgesamt 295 Flusskilometer ist die Isar lang, nicht schlecht, Herr Isarspecht! Das reicht für Platz 14 in den Top 20 der deutschen Flüsse, knapp hinter der Havel. Aber was sagt schon die Angabe der Länge? Jeder Fluss hat seinen eigenen Charakter, auf ihn kommt es an. Und entscheidend für den Charakter ist nicht zuletzt das Finale, die Mündung. Diese wird in diesem Fall in besonderer Weise geschützt, mit gutem Grund, ist die Isar doch der letzte deutsche Alpenfluss, dessen Mündungsgebiet in die Donau weitgehend naturbelassen ist: Landschaftsschutzgebiet, Naturschutzgebiet, Vogelschutzgebiet und FFH-Gebiet (was keine Variante des FKK ist, sondern Flora-Fauna-Habitat bedeutet).

Glücklicherweise lässt man Radfahrer und Wanderer auf Schleichwegen durch die einmalige Auenlandschaft. Weit größere Feinde des Mündungsgebiets waren Wirtschaft und Politik. Die Stelle, an der die Isar in die Donau mündet, ist einer der letzten Donauabschnitte, die weitgehend naturbelassen und unreguliert sind. Unregulierte Abschnitte aber mag die Schifffahrt nicht, man forderte, auch hier eine Staustufe zu bauen. Mit einer solchen aber würde sich das Donauwasser bis in die Isarmündung zurückstauen, würde das Isarmündungsgebiet dauerhaft überschwemmt. Alle Baupläne schienen längst beschlossene Sache, da stieg im Herbst 2012 Horst Seehofer in die „Kristallkönigin", fuhr auf der Donau an der Isarmündung vorbei und verkündetet in die Mikrofone: „Es wird keine Staustufe geben!"

Man will sich künftig auf einen sanften Donauausbau beschränken, zur Freude der Naturschützer, die jahrzehntelang gegen die drohende Zerstörung dieser Landschaft gekämpft hatten.

Um dem Menschen die Schönheit des Isarmündungsgebietes näherzubringen, hat man ein kleines Infohaus errichtet. In anschaulicher Weise erfährt man dort Wissenswertes nicht allein über das Mündungsgebiet, sondern über den ganzen Isarlauf. Auf zahlreichen Fotos ist auch das letzte Hochwasser 2013 dokumentiert, eine Katastrophe für zahlreiche Anwohner. Besonders die nahegelegene Ortschaft Fischerdorf wurde geflutet, 60 Familien obdachlos. Man darf den Naturgewalten nicht die alleinige Schuld geben. Eingeklemmt zwischen Isar- und Donaudeichen lief Fischerdorf wie eine Badewanne voll. Mächtige neue Dämme sollen eine solche Überflutung in Zukunft verhindern.

Gut, dass sich die Isar auf ihren letzten Kilometern auch in Zukunft ganz natürlich geben kann. Die Deiche weichen zurück und lassen dem mächtig herangewachsenen Fluss Raum sich zu entfalten. Mit jedem Hochwasser überschwemmt die Isar Wiesen und Auwälder, lässt Altwasser zurück, in denen sich nicht nur die Frösche wohlfühlen, ein wildes, urwüchsiges Reich. Weiden und Pappeln ragen aus den Sümpfen, mancher Stamm liegt vom Biber gefällt im Wasser. Unzählige Vögel nisten im Unterholz, so seltene Arten wie das Weißsternige Blaukehlchen oder der scheue Eisvogel. In den flachen Uferzonen laichen viele Fische, hier tummeln sich noch Schneider, Schrätzer oder der Zingel. Auch den Frauennerfling kann man hier antreffen, kein Witz, er heißt wirklich so. Kies- und Sandbänke bieten seltenen Pflanzen Raum und Schutz, Insekten, wie dem Warzenbeißer oder dem Silbergrünen Bläuling, einen Landeplatz. Oder war es der Silberblaue Grünling?

Eine letzte, kleine Ortschaft liegt einsam nahe der Mündung. Kann es einen passenderen Namen für sie geben? Isarmünd. Hübsche, blumengeschmückte Häuser, freundlich im üppigen Wiesengrün gelegen, alte Bäume mit dichtem Laub, eine kleine, weißgetünchte Kapelle. Und doch eine trügerische Idylle. An einem Bauernhaus ein selbstgebasteltes Kunstwerk, das traurig stimmt. Trauerflor um ein

Die Isarmündung aus der Vogelperspektive

Das Haus des letzten Isarmünders

verrostetes Ortschild, vor einem Herrgott, darunter ein trauergeränderter Hinweis: „Das sterbende Dorf." In ein paar Jahren wird es Isarmünd nicht mehr geben, der Bagger steht nicht ohne Grund lauernd am Ortsrand. Nach und nach werden auch die letzten Häuser abgerissen, zum Schmerz der Alten, die hier so viele Jahrzehnte gewohnt haben. Die Isarmünder werden umgesiedelt, die meisten in die benachbarte Ortschaft Moos, wo man Nachbarn bleiben will. Um Isarmünd zu retten, hätte man unverhältnismäßig hohe und teure Deiche bauen müssen. Abriss und Umzug ist die günstigere Lösung. Die meisten Jungen nehmen es gelassen. Ständig Wasser im Haus, ständig die Keller ausräumen, die Häuser vom Schlamm befreien und immer aufs Neue streichen, das nervt auf Dauer. Hoffentlich bricht es den Alten nicht das Herz, wenn der Abrissbagger kommt.

Bei Isarmünd zweigt ein schmaler Pfad nach links ab. Der Wegweiser verspricht: Zur Mündung. Da müssen wir hin! Etwas holperig geht es voran. Zehn Minuten später stehen wir auf einer grünen Anhöhe und blicken nach Osten. Ein wunderbares Bild! Im glitzernden Licht, vor den blauen Bergen des Bayerischen Waldes, feiert die Isar ihre Vereinigung mit der Donau, schmiegt sich auf ihren letzten Metern an die große Schwester heran, ungewöhnlich sanft und anpassungswillig.

Wir greifen in unsere Tasche und ziehen den Kiesel heraus, den wir bei der Isarquelle eingesteckt hatten. In hohem Bogen werfen wir ihn ins Mündungswasser. Ein kurzes Platschen, dann ist der Quellstein versunken. Die blaue Donau, die grüne Isar, zusammen strömen sie dahin in weite Fernen, immer dem Schwarzen Meer zu. Denn nur dem hl. Emmeram ist es gelungen, flussaufwärts zu treiben, bis nach Regensburg. Wie immer er das angestellt haben mag.

Praktische Hinweise

Scharnitz
Informationsbüro
Innsbruckerstraße 282
A-6108 Scharnitz
Tel: +43(0)50880540
E-Mail: info.scharnitz@seefeld.com

Porta Claudia Bis zu 6 m hohe Mauern, Ruinen einer ehemaligen Befestigungsanlange, die unter Claudia de' Medici, Erzherzogin von Österreich und Landesfürstin von Tirol, im Dreißigjährigen Krieg zum Schutz vor den anrückenden Schweden errichtet wurde.

Tipp 1: Kulturwanderweg mit 12 Stationen (www.seefeld.com)

Tipp 2: Wer die Wildwasser der Isar hautnah erleben will, der steige in ein Paddelboot (z. B. www.kajaktour.de)

Mittenwald
Tourist-Information
Dammkarstraße 3
82481 Mittenwald
Tel: 08823-33981
E-Mail: touristinfo@ mittenwald.de
www.alpenwelt-karwendel.de

St. Peter und Paul Barockkirche von (1734–49), Baumeister Josef Schmutzer, Fresken von Matthäus Günther, geschnitzte Madonna (ca. 1500)

Geigenbaumuseum in einem der schönsten und ältesten Häuser Mittenwalds (www.geigenbaumuseum-mittenwald.de)

Tipp 1: Bergwelt Karwendel. Auf 2244 m gelegene Naturausstellung mit einzigartigem Ausblick ins Isartal. Sportler wandern hinauf und hinunter (4 h), Genießer nehmen die Gondel (www.bergwelt-karwendel.de)

Tipp 2: Wanderung durch die Geisterklamm. Wildromantisches Naturerlebnis entlang der Leutascher Ache (www.leutaschklamm.com)

Krün
Tourist-Information
Rathausplatz 1
82494 Krün
Tel: 08825-1094
E-Mail: touristinfo@kruen.de
www.alpenwelt-karwendel.de

St. Sebastian Pfarrkirche aus dem 18. Jh. mit elegantem barocken Innenraum

Römerstraße Noch begehbarer Teil der Via Raetia, die Norditalien mit Augsburg verband

Wallgau

Tourist-Information
Mittenwalder Straße 8
82499 Wallgau
Tel: 08825-925050
E-Mail: touristinfo@wallgau.de
www.alpenwelt-karwendel.de

St. Jakob Pfarrkirche (15. Jh.) im gotischen Stil errichtet, barocker Kirchturm mit Zwiebelhaube

Zum alten Wirt Gasthof (1621) mit Fresken des Mittenwalder Lüftlmalers Franz Karner (1763)

Lenggries

Tourist Information
Rathausplatz 2
83661 Lenggries
Tel: 08042-5008800
E-Mail: info@lenggries.de
www.lenggries.de

Heimatmuseum mit Schwerpunkt Flößereigeschichte (Rathausplatz 2, Tel: 08042-5008800)

St. Jakob „Dom des Isarwinkels“. Barockkirche von 1722. Reicher Schatz an Fresken, Reliquien, Statuen und Tragstangen ehemaliger Bruderschaften

Schloss Hohenburg 1712–1718 errichtet, z. T. mit den Steinen einer älteren Burg gleichen Namens, die 300 m bergwärts stand. Dreiflügelanlage mit schönem Park. Heute beherbergt das Schloss eine Schule.

Kalvarienberg mit Heilig-Kreuz-Kapelle (1726) und Benefiziatenhaus (1865). Heilige Stiege nach dem Vorbild der nach Rom verbrachten Scala Santa, über die Jesus auf dem Weg zu seinem Prozess im Palast des Pontius Pilatus geschritten sein soll. An ihrem Ende überlebensgroße Kreuzigungsgruppe (1665), von der Johannes und Maria noch erhalten sind.

Kalkofen Einer der letzten seiner Art im Isarwinkel. Behutsam restauriert.

Das Brauneck Hausberg von Lenggries mit herrlichem Blick über den Isarwinkel, bei gutem Wetter bis nach München. Zu Fuß oder per Seilbahn erreichbar.

Bad Tölz

Tourist-Information
Max-Höfler-Platz 1
83646 Bad Tölz
Tel: 08041-78670
E-Mail: info@bad-toelz.de
www.bad-toelz.de

Marktstraße Von der Isar aus ansteigender Straßenzug mit schmückenden Lüftlmalereien

Mariä Himmelfahrt Stadtpfarrkirche und ältestes erhaltenes Bauwerk des Isarwinkels (erbaut ab 1460). Dreischiffige Hallenkirche mit barocker Innenausstattung. Freischwebende Himmelfahrtsmaria noch aus gotischer Zeit.

Maria Hilf Umgangssprachlich „Mühlfeldkirche" genannt. Errichtung ab 1735, malerischer Rokokoturm

Kalvarienbergkirche „Krone von Tölz", barocke Doppelkirche (Weihe 1726) mit weitem Blick über das Isartal, im Inneren Nachbau der „Heiligen Stiege". Nebenan befindet sich die Leonhardikapelle, die von Tölzer Zimmerleuten als Dank für die glückliche Rückkehr von der Sendlinger Mordweihnacht errichtet worden ist. Sie ist das Ziel der alljährlichen Leonhardifahrt.

Johanneskirche Ev. Pfarrkirche (1880). Das Altarbild „Kreuzigung" hat der deutsche Impressionist Lovis Corinth geschaffen, das Deckengemälde stammt von Hubert Distler.

Historische Kuranlagen mit schönen Parks. Kurhaus (Gabriel und Emanuel von Seidl, 1914), Trink- und Wandelhalle (Heinz Moll, 1930)

Stadtmuseum U. a. schöne Abteilung zur Kunst der Kistler, deren bemalte und geschnitzte Bauernmöbel als „Tölzer Kästen" weitbekannt waren und teilweise über die Isar verschifft worden sind.

Geretsried

Tourist-Info: www.tourismus.geretsried.de, www.geretsried.de

Museum der Stadt Geretsried mit Dauerausstellung zu den Themen Zweiter Weltkrieg, Flucht, Vertreibung, Lagerleben und der Kultur der Vertriebenen

Nikolauskapelle Achteckiger Zentralbau, 1722 geweiht, Altar mit den Medaillons der Vierzehn Nothelfer

Tipp: Weg der Geschichte. Über 50 Tafeln erzählen von der Entwicklung des Dorfes zu einem modernen Industriestandort.

Wolfratshausen

Tourist-Info
Marienplatz 1
82515 Wolfratshausen
Tel: 08171-2140
E-Mail: info@wolfratshausen.de
www.tourismus.wolfratshausen.de

St. Andreas Spätgotische Pfarrkirche mit imposantem Hochaltar, Rathaus im Stil der Neorenaissance

Tipp: Isar-Floßfahrt (u. a. www.isarflossfahrten.de, www.isar-floss-event.de, www.isarflossteam.de oder www.flossfahren.de)

Schäftlarn

Klosterkirche (mit dazugehöriger Benediktinerabtei). Bedeutender Rokokobau, unter François de Cuvilliés dem Älteren begonnen (1733–1740), stuckiert durch Johann Baptist Zimmermann

Grünwald

www.gemeinde-gruenwald.de

Burg Grünwald Spätmittelalterliche Höhenburg. Die dort untergebrachte Archäologische Staatssammlung wird generalsaniert und voraussichtlich 2020 wiedereröffnet (www.archäologie-bayern.de)

St. Peter Alte Pfarrkirche gegenüber der Burg, ursprünglich Ende des 13. Jhs. errichtet, u. a. spätmittelalterliches Fresko der Apokalypse am Chorbogen, Altarkreuz mit gotischem Christus

Bavaria Filmstadt (Geiselgasteig), Filmtour und andere Attraktionen (www.mobile.filmstadt.de)

München

München Tourismus
Herzog-Wilhelm-Straße 15
Tel: 089-23396500
E-Mail: tourismus@muenchen.de
Touristinformation am Marienplatz und Hauptbahnhof
www.muenchen.de

Auswahl von Sehenswürdigkeiten in Isarnähe:

Tierpark Hellabrunn 40 Hektar großes Naturparadies im Landschaftsschutzgebiet der Isarauen. Erster Geozoo der Welt und einer der artenreichsten zoologischen Gärten Europas (www.Hellabrunn.de)

Alpines Museum Auf der Praterinsel gelegenes Museum des Deutschen Alpenvereins. Neukonzipierte Dauerausstellung. Alles über die Alpen, den Kreißsaal der Isar. Stärken kann man sich im Café Isarlust. Der Garten lädt ein, sich auf einer Sonnenliege auszustrecken und die Isar vorbeiziehen zu sehen (www.alpenverein.de)

Deutsches Museum Auf einer Isarinsel liegt das größte naturwissenschaftlich-technische Museum der Welt (www.deutsches-museum.de)

Valentin-Karlstadt-Musäum Im Turm des Isartors finden sich die herrlichsten Skurrilitäten (www.valentin-musaeum.de)

Maximilianeum Seit 1949 Sitz des Bayerischen Landtags. Leuchtet warm im Schein der untergehenden Sonne. Der Innenhof kann über die Ostpforte besichtigt werden, andere Teile des Gebäudes, wenn Ausstellungen stattfinden. Besuch von Sitzungen möglich, Anmeldung empfohlen (www.bayern.landtag.de)

Friedensengel Von seiner Terrasse schöner Blick über München. Tipp für Romantiker: abends kommen und den beleuchteten Springbrunnen bewundern.

Tipp: Besuch des Müllerschen Volksbades am rechten Isarufer, Jugendstilperle aus dem Jahr 1901, liebevoll restauriertes Hallenbad (www.swm.de)

Unterföhring

St. Valentin Behutsam restaurierte Barockkirche mit schönen Stuckarbeiten im Stil der Wessobrunner Schule

Feringer Sach Heimatmuseum in ehemaligem Kino mit kompletter historischer Schlosserwerkstatt als Außenstelle (www.feringer-sach.byseum.de)

Ismaning

Fremdenverkehrsamt
Schloßstraße 2
85737 Ismaning
Tel: 089-9609000
E-Mail: rathaus@ismaning.de

Schloss Ismaning, durch Leo von Klenze klassizistisch umgestaltet (heute Rathaus). Schöner Park. Schlosspavillon vermutlich ein Werk von François de Cuvilliés dem Älteren. Im Nachbau der Orangerie: Kallmann Museum. Werke von Hans Jürgen Kallmann (1908–1991) und Sonderausstellungen (www.kallmann-museum.de)

Garching

St. Katharina Barocke Saalkirche, Wandfresko aus der Zeit um 1600

Campus Garching mit modernen Forschungseinrichtungen und futuristischen Gebäuden. Der Neubau der Elektrotechnik hat bereits als Entwurf einen Architektenpreis gewonnen.

Freising

Tourist-Information
Rindermarkt 20
Tel: 08161-5444111
E-Mail: touristinfo@freising.de
www.tourismus.freising.de

Die Tourist-Info befindet sich normalerweise mit dem **Stadtmuseum** im Fürstbischöflichen Lyzeum, das mit seinem berühmten Asamsaal aufwendig saniert wird, bis zum Abschluss der Baumaßnahmen aber am Rindermarkt 20.

Domkirche St. Maria und St. Korbinian Umgangssprachlich „Mariendom". Baubeginn des heutigen, dritten Domes 1159. Außen schlicht, innen voller Zauber. Filigranes Stuckwerk der Brüder Asam, Hochaltar mit Marienmotiv von Rubens, geschnitztes gotisches Chorgestühl

Diözesanmuseum Eines der größten kirchlichen Museen der Welt. Wegen Renovierung auf unbestimmte Zeit geschlossen (www.dimu-freising.de)

St. Johannes Schlichte gotische Kirche westlich des Doms

St. Benedikt Gotische Kirche, barockisiert, östlich des Doms. Ein Glasfenster aus der Zeit um 1500 ist noch erhalten.

St. Georg Spätgotische Hallenkirche, die als zentrale Stadtpfarrkirche genutzt wird

Heilig-Geist Kirche des 1374 gestifteten Spitals mit Fenstern zu den Krankensälen

Korbinianskapelle (Ruine) Rundkirche der Brüder Asam über der heilkräftigen Korbiniansquelle

Tipp: Besuch von Weihenstephan mit Einkehr im Biergarten der ehemaligen Klosterbrauerei und heutigen Bayerischen Staatsbrauerei

Moosburg

Fremdenverkehrsamt Moosburg
Stadtplatz 13
Tel: 08761-6840
E-Mail: info@moosburg.de
www.moosburg.de

Münster St. Kastulus Dreischiffige romanische Pfeilerbasilika mit spätgotischer Innenausstattung: Hochaltar von Hans Leinberger (1514), reich geschnitztes Chorgestühl (1475)

St. Johannes Romanischen Ursprungs (Langhausmittelschiff), spätgotische Fresken im Eingangsportal

Historische Altstadt mit den Ensembles „Auf dem Gries" und „Auf dem Plan"

Landshut

Landshut Tourismus
Altstadt 315
84028 Landshut
Tel: 0871-922050
E-Mail: tourismus@landshut.de
www.landshut-tourismus.bayern

Historisches Stadtzentrum mit den parallelen Straßenzügen Alt- und Neustadt (beide gotischen Ursprungs): prächtiges Ensemble reicher Bürgerhäuser mit fantasievollen Schaugiebeln

Stadtresidenz Erster Renaissancepalast nördlich der Alpen (Baubeginn 1536 unter Herzog Ludwig X.). Führungen und Ausstellungen (www.schloesser.bayern.de)

St. Martin Außerordentliche gotische Hallenkirche mit einem aus Sandstein gemeißelten Hauptaltar, einem Chorbogenkreuz von 1495 (Michal Erhart aus Ulm) und einer Rosenkranzmadonna von Hans Leimberger (1520). Der Turm der Martinskirche ist nicht nur der höchste Backsteinturm der Welt, mit seiner vielfachen Untergliederung überzeugt er zugleich durch seine filigrane Schönheit.

St. Jodok Zweitälteste Kirche Landshuts an schöner Platzanlage (Freyung). Dreischiffige Pfeilerbasilika. Spätgotische Sakristeitür, Fresken sowie kunstreiches Südportal

Heilig-Geist Dritte Kirche der Landshuter Backsteingotik, nahe der Isar gelegen. Wird für Ausstellungen zu sakraler und weltlicher Kunst genutzt.

Abteikirche und Afra-Kapelle von Kloster Seligenthal Am linken Isarufer gelegen (13. Jh.). Grabstätte vieler Wittelsbacher. Wertvolle Innenausstattung (Führungen nach dem Sonntagsgottesdienst möglich, der um 9.30 Uhr beginnt)

Burg Trausnitz Mittelalterlicher Herzogshof, der zu einem Burgschloss im Stil der italienischen Renaissance umgebaut worden ist. Schöner Blick über das Isartal. Besichtigung nur mit Führung möglich. Über einen Fußweg („Ochsenklavier") von der Stadt aus zu erreichen (www.burg-trausnitz.de)

Skulpturenmuseum im Hofberg Werke von Fritz König (1924–2017), der u. a. die „Sphere" für das New Yorker World Trade Center geschaffen hat (www.skulpturenmuseum-im-hofberg.de)

Röckltu rm Ehemaliger Wehrturm der mittelalterlichen Stadtbefestigung unmittelbar an der Isarpromenade. Von Mai bis Oktober Wechselausstellungen von Künstlern der Region, im Erdgeschoss Literaturcafé (www.landshut.de)

Landshut-Frauenberg

Maria Heimsuchung Hoch über der Isar gelegene spätgotische Wallfahrtskirche, zwischen 1470 und 1480 auf den Resten einer romanischen Kirche erbaut. Das lebensgroße Gnadenbild im Rokokoaltar stammt noch aus den Gründungsjahren. An der Außenseite lehnt ein großer, flacher Stein, mit dem der hl. Erhard über die Isar geflüchtet sein soll.

Niederaichbach

St.-Nikola-Kirche 1678 an der Stelle einer hölzernen Vorgängerkirche errichtet, 1700 Anbau der Sebastianikapelle. Ende des 19. Jhs. Renovierung im neugotischen Stil. Reich verziertes Ganzkörperskelett des hl. Martialis.

Heimatmuseum U. a. interessante Informationen über das Goldwaschen, das einst in der Isar betrieben worden ist

Schloss Vierflügelanlage aus den 1670er-Jahren. Als „Kloster Kaltenthal" durch die ARD-Serie „Um Himmels Willen" bekannt. In Privatbesitz. Außenbesichtigung eingeschränkt möglich.

Oberaichbach

Kaffeekannenmuseum Mit 7.000 Exponaten laut „Guinessbuch der Rekorde" die größte Sammlung der Welt. Wer dann noch Zeit hat, kann zudem 14.000 Kronkorken bewundern (Tel: 08707-1620)

Niederviehbach

Pfarrkirche St. Maria Ehemalige Klosterkirche (Augustiner-Eremitinnen) aus dem 14. Jh., bedeutendes spätromanisches Kruzifix aus dem 13. Jh.

Loiching

St. Peter und Paul Stattliche, barock ausgeschmückte Kirche, deren Wurzeln bis in die Gotik zurückreichen. Beeindruckender Pfarrhof, ehemaliger Sommersitz des Regensburger Domkapitels (um 1730), mit Nebengebäuden und zwei uralten Linden.

Dingolfing

Informationszentrum im Bruckstadel
Fischerei 9
Tel: 08731-327100
E-Mail: tourismus@dingolfing.de bzw.
tourismus@landkreis-dingolfing-landau.de
www.dingolfing.de
www.ferienland-dingolfing-landau.de

Museum Dingolfing Komplex aus mehreren historischen Gebäuden: Herzogsburg, um 1410, besterhaltenes Baudenkmal jener Epoche in Niederbayern. Getreidestadel (1477/78), Pfleghof, Getreidekasten und Stinkerturm als Teil der mittelalterlichen Stadtbefestigung. Bayerischer Museumspreis 2009. Stadt- und Industriegeschichte, Schwerpunkt Automobil (www.museum-dingolfing.de)

Stadtpfarrkirche St. Johannes Baptist und Evangelist Bedeutende spätgotische Hallenkirche, Grundsteinlegung 1467, die bisweilen als jüngere Schwester der Landshuter Heilig-Geist-Kirche bezeichnet wird, aber auch Ähnlichkeiten mit der Jodokskirche aufweist. Von der gotischen Innenausstattung sind die beiden Kirchenpatrone erhalten und der „Kolossale Herrgott von Dingolfing" (Korpus von 3,80 m).

Dreifaltigkeitskirche Einschiffige Anlage aus dem 15. Jh., auch „Schusterkapelle" genannt, mit Beinhaus „Seelenkammerl" aus dem 17. Jh., bemalte und beschriftete Totenschädel. Auf dem Altar beachtliche Holzgruppe der Heiligen Drei Könige (ca. 1480)

Historische Altstadt mit Storchenturm und rekonstruiertem Wehrgang sowie historische Bürgerhäuser im Zentrum

Wollertor Letztes noch erhaltenes Stadttor aus dem 15. Jh.

Mamming-Seemannskirchen

St. Laurentius Kleine spätromanische Kirche (13 Jh.), Innenraum barockisiert. Gotische Statue des hl. Laurentius (www.kirche.mamming.de)

Landau an der Isar

Tourist-Information
Oberer Stadtplatz 1
Tel: 09951-941115
E-Mail: stadt.landau@landau-isar.de
www.landau-isar.de

Stadtpfarrkirche Mariä Himmelfahrt Größte Barockkirche des unteren Isartals, prächtige Innenausstattung, u. a. noch aus der gotischen Vorläuferkirche. Romanischer Taufstein aus dem 13. Jh.

Maria im Steinfels Wallfahrtskirche, die eine Felsgrotte mit einbezieht. An die Felswand hatte ein Landauer Soldat das Bild der Gottesmutter gehängt, die ihm im Dreißigjährigen Krieg erschienen war und ihm Freiheit und Überleben verkündet hatte.

Heilig-Kreuz Friedhofskirche mit starkem Isarbezug: Der nördliche Seitenaltar wurde von der Zunft der Fischer und Schiffer gestiftet. Wertvolle Innenausstattung.

Kastenhof mit Archäologiemuseum 1224 erbauter Herzogssitz der Wittelsbacher, der heute als interaktives Museum genutzt wird (www.kastenhof.landau-isar.de)

Weißgerberhaus mit Heimatmuseum Ältestes erhaltene Handwerkerhaus Landaus, ursprünglich errichtet an einem Seitenarm der Isar. Bedeutung der Isar für verschiedene Handwerksberufe, hier für die Gerber (www.heimatmuseum-landau.de)

Auwärter-Neoplan-Museum Sammlung historischer Omnibusse, die alle noch fahrtüchtig sind (Besichtigung nach Vereinbarung 09953-980034)

Brauerei-Museum (www.landau-isar.de/brauereimuseum.aspx)

Widderanlage Nachbau einer historischen Pumpanlage (www.landau-isar.de/widderanlage.aspx)

Wachsender Felsen Naturwunder an kalkhaltiger Quelle bei Usterling (www.landau-isar.de/wachsender_felsen.aspx)

Niederpöring

Schloss Schmucker Bau (1690), von seitlich angebauten polygonalen Türmen umrahmt mit hübschen Zwiebeltürmen. Heute Verwaltungssitz

St. Bartholomäus Pfarrkirche, deren Baugeschichte ins 13. Jh. zurückreicht

Tipp: Wer mit dem Rad unterwegs ist und ein ganz neues Fahrgefühl erleben will, der spreche den Platzwart der Radrennbahn an. (Eine der wenigen Anlangen dieser Art in Deutschland). Mit 27 % Überhöhung geht es rasant durch die Kurven.

Plattling

Tourist-Information
Ludwigplatz 8
Tel: 09931-890130
E-Mail: info@plattling.bayern.de
www.plattling.de

St.-Jakob Romanische Kirche, idyllisch am östlichen Isarufer gelegen (12. Jh.). Pfeilerbasilika mit romanischem Taufstein, Chorbogenkruzifix, spätgotischem Flügelaltar und seltenem Glasgemälde aus dem 13. Jh.

St. Maria Magdalena Stadtpfarrkirche, in welcher die ursprünglich barocke Ausstattung mit Bauelementen aus dem frühen 20. Jh. kontrastiert.

Tipp: 360-Grad-Blick über Stadt und Flusslandschaft vom Wasserturm. Anmeldung über die Stadtwerke Plattling: 09931-91660

Moos-Maxmühle

Infohaus Isarmündung Schönes Ausstellungszentrum, das über die Isar und besonders über den einzigartigen Lebensraum der Auwälder informiert. Sonderausstellungen, Erlebnisführungen (www.infohaus-isarmuendung.de)

Danksagung

Beschämt muss ich feststellen, dass ein wichtiges Kapitel in diesem Buch fehlt. Es müsste von der Gastfreundschaft und Hilfsbereitschaft der Menschen entlang der Isar erzählen. Stellvertretend für alle, denen ich Dank schuldig bin, seien namentlich folgende genannt:

Katrin und Martin Walter
Jan Anderson
Sarah Hoffmann
Ursula Grottenthaler
Gabi Peters
Elisabeth Weichselbaumer
Ursula Grüner
Tanja Wagner
Heidi Feicht
Ramona Reisinger
Cornelia Geisberger
Karin Amesberger
Josef Grimm

Bildnachweis

Alle Bilder stammen vom Autor, bis auf folgende:
Fotolia: S. 11 (Markus), 17 & 24 (Hans und Christa Ede), 28 (Alfred), 54 & 56 & 62 (fottoo), 64/65 & 69 (Andy Ilmberger), 77 (franke 182), 94 (Andy Ilmberger), 100 (schwalm), 105 o. (carso80), 111 (ah_fotobox), 112 (Andy Ilmberger), 126 (dihetbo), 147 (Rolandst), 161 (Tamara), 164 (Munich_01)
Franz X. Bogner: S. 176, 196/197
Museum Mensch und Kultur, Schloss Nymphenburg: S. 44
Pixelio: S. 8/9 (Reinhard Grieger), 39 (Kurt F. Domnik), 90 (Wolfgang Dirscherl), 95 (piu700), 98 (Dieter), 104 (Stefan Emilius), 105 u. (Matthias Stöbener), 106 (pixplosion), 107 (Rosemarie Doll), 119 (Alexander Altmann), 122 o. (Marco Barnebeck), 122 u. (Christian Beuschel), 123 (Christian Delfs), 140 (Jürgen Mees), 153 (Renate Blaes), 155 (Martin Georg Kornas), 158 & 168 (Bjoern Schwarz), 178 (Jörg Siebauer)
ullstein bild: S. 67
Wikimedia Commons: S. 31, 34 (AHert, CC BY-SA 3.0), 38 (Google Art Project), 73 (CC BY-SA 3.0), 83 (Richard Bartz, CC BY-SA 3.0), 86 (Renardo la vulpo, CC BY-SA 1.0), 133 o., 136, 148, 171, 177, 183 o. (Gliwi, CC BY-SA 4.0), 186, 192